アイヌ語地名考

二戸郡・青森県

Waichi Shibata

柴田和一

文芸社

はじめに

　著者の柴田和一は2008年に78歳で亡くなりました。

　若い頃から詩を作ることが大好きで、詩集は何冊か自費出版しました。そして最後に辿り着いたのが、アイヌ語の研究だったのです。

　彼は亡くなる寸前まで地図を見比べ、辞書を引き、東北各地に残る「アイヌ語地名」を調べ、研究し、自身の考察をまとめ小冊子を編纂していました。彼は青森・岩手・秋田の東北三県に残るアイヌ語地名をまとめた本を発行しようとしていたのです。

　しかし残念ながら途中で病に倒れ、叶わぬ夢となりました。

　この本は、彼が出した「二戸郡のアイヌ語地名考」と「青森県アイヌ語地名考」という自費出版本二冊の合本です。

　研究としては未完成なものではありますが、和一の生きた証を世に出したいと思い、出版することにしました。彼のアイヌ語にかける思いの一端に触れていただければ幸いです。

妻・幸恵

序文

私のアイヌ語との出会いについて

　私は1994年に住まいを2階に移し、1階を改造して「角の小さな美術館」を開設しました。

　名前が示すように小さな美術館ではありましたが、有名無名を問わず、それなりに画家や地域の愛好者が集まっては、芸術論に花を咲かせていました。

　一方で、来館者も開設して3年間で5000人を超え、新聞やNHKにも報道され、それなりに楽しい日々を送りました。そうした中で、私は絵に対しては全くの素人でしたが、そんな空気に感化されたのか、いつとはなく油絵の筆をとっていたのです。私は絵の題材として仏像や縄文土器にひかれていきました。そのうちに、どうしても遺跡を訪ねたくなり、1995年の10月、青森県へ旅立ったのです。

　三内丸山遺跡、青森県立郷土館（青森市）、亀ヶ岡遺跡（木造町）、是川遺跡（八戸市）、風張遺跡（八戸市）、八戸博物館などを廻りました。十三湊に立ち、竜飛を廻り帰途に、岩手県一戸町で同級生の経営する西岳ヒュッテに立ち寄り、一泊することになりました。その夜、畏友柴田吉雄君や柴田末吉君も見えて、久し振りの昔話を楽しんだのですが、そのうちに、吉雄君の海軍時代の話になり、古雄君の生地の字名が「悪戸平」ということか

ら、上官から、からかわれた話になりました。その地に生まれた者には何の疑問ももたない地名が、他の地域の方から見れば、地名の意味が不明で、不思議に思えるのかもしれません。言われてみれば、私にも疑問に思えてきます。その地名のもっている語源までは、当の生まれた本人も知りません。私は東京に帰ったら調べてみようと約束をしました。

　さて、前記の美術館に集う画家の中に、アイヌ語を40年も研究している永島幸夫氏がいて事情をお話ししたところ、早速拙宅まで出向いて下さり、まず「悪戸平」についてお伺いしましたところ、アイヌ語で「清水の湧く所」と教えていただきました。

　私は直ちに、柴田吉雄君にその旨報告したのです。これが私のアイヌ語との出会いとなりました。

　思えば、これが縄文時代の遺跡とアイヌ語の出会いの旅となったのです。それ以来、神田の本屋を歩き、図書館でアイヌ語の本を探し、出版社にカタログを求め、大学まで電話をして教材を取り寄せることとなりました。

　故郷には数え回れないほどのアイヌ語が「地名」「方言」の形でたくさん埋もれていることを知りました。言語だけでなく、古代史やアイヌの文化、宗教まで踏み込むと、私の子供のころの習慣にまでアイヌ文化が残っていることを知ったのです。出会いとは本当に不思議なものです。

「アイヌ」とは何か

アイヌ（aynu）とはアイヌ語で知里博士の辞書に、人：男　とあります。

私がアイヌ語に関心を持ったのは、故郷の地名がアイヌ語であること、アイヌ語でなら解けることからでした。しかし、アイヌ語との出会いから5年の年月が過ぎ、数多くの研究者の著書に触れる機会を得て、私のアイヌに対する考え方も大きく変化しました。

金田一京助博士は、故郷岩手県が生んだ言語学者、国語学者、アイヌ語学者であり、特に。ユーカラの研究者として、神様のような大先生であると尊敬していました。アイヌに関しては、江戸時代から明治時代にいたって度々北海道や樺太に派遣され調査に当たった方々の記録、日記などが出版されて、私どもの目にふれているのですが、金田一博士のアイヌ語を学問のレベルに引き上げて研究された功績は極めて高いものです。また、金田一博士に続いた知里真志保博士や久保寺逸彦先生の著書は、アイヌ語研究のバイブルなのです。

もっとも、金田一博士がアイヌ語の研究を始める前にも、英国人でキリスト教宣教師として北海道に住み、アイヌ語とアイヌ文化の研究を行っていたJ. バチェラーがいます。その研究の結果は4回にわたってアイヌ語、英語、日本語の辞書として発表されていました。しかし英国人であるため、日本語への誤訳が多いとも言われています。

　さて、蝦夷（アイヌ）を語るとき、史書に出てくるのは、ほとんど岩手県が舞台です。

（1）坂上田村麻呂による、胆沢の蝦夷征伐

（2）八幡太郎源義家による、安倍一族の征討

（3）源頼朝による、平泉藤原政権の征伐

　これは、とりもなおさず岩手県の祖先の人々の、原住民としての誇りと自尊心の強さにあるのでしょう。

　この中で特筆されるべきは、（1）の阿弖流為（アテルイ）の戦いで、西暦788年の征東大将軍紀古佐美から、阿弖流為が勝利しましたが、802年阿弖流為が、坂上田村麻呂による和睦の甘言に乗り、部族500余人を率いて陣に降り、捕えられ、母礼とともに京都において斬首されたのです。

　阿弖流為は、ただ祖先の地を守ろうとして敢然として戦ったのであって、なんの罪があったのでしょうか。私たち東北人はその蝦夷の子孫です。東北人には数千年来の、この蝦夷の誇りの血が脈々と流れているのです。

　その表れとして、私はここに、北上市出身の相沢史郎氏の詩集「悪路王」（アテルイの別名）の中の「野ざらすの北」を引用させていただきます。

　さらす　野ざらす　しゃれで腐れだブススドゲ

　蒼じゃれで　さらされで　北さ

　風ぬなって　毛たでで　とんでぐ悪路王の

　首　吠えで　歯むで　毘沙門の腕かぶづぐ

見ろ　吹ぎっつあらすの　白木峠こえで
つる　帰ってぐ^け　夜明げなど来ねぇって　なぎながら
帰ってぐ^け
そのはるが下で　脚もげで　ぶっ転がった　馬の骨
しとりで　おれ　反乱
雪　来る
アオーン　アオーンど　遠ぐがら叫ぶのぁアグロの声
斬られだ首た　北さ向げて叫ぶ　アグロの声
ほろびで　よれよれど　吹雪^{ふぎ}の　リンドウ
平二久^{でら}で　泣久^くで　追^ほわれで　おれの　血の中の　冬

　ところで、私たち祖霊の地二戸郡に、坂上田村麻呂は
足を踏み入れてはいません。奥中山峠以北に、大和朝
（私には渡来人王朝と見えます）が、土足で侵入したの
は、西暦811年のことですが、アテルイ（阿弖流為）の
抵抗以降、北進の足踏みをしていたのには理由がありま
す。
　それは、朝廷内部の参議藤原緒嗣と、同じ参議の菅原
真道との政治論争で、その結果、征討北進は中止された
ためです。しかし、西暦811年にいたり文室綿麻呂が征
夷大将軍に命じられ、周到な準備をして北進を開始する
のですが、それに先立って、秋田の国司により爾薩体が
攻撃されて、すでに大勢は決着し、文室綿麻呂はただ戦
勝を奏上しただけなのです。
　爾薩体とは現在の仁佐平ではなく、九戸郡、青森県の

一部を含む地域を指すものです。一戸町誌にはこれを「伊加古の乱」と名付けました。これにはいささかの異論もありますが、二戸郡は律令体制の中にとりこまれたことを、町誌には「これによって開拓が進み、文化の光が差し込んできた」という意味の記述になっていますが、果たしてそうでしょうか。

　ただ、大和朝による征夷大将軍を擁しての征夷の戦闘はこれが最終となります。

　以後の戦いは、反乱鎮圧の形となります。前にも書きましたが、時を置いて安倍一族討伐、頼朝による藤原政権征伐へと続くのです。

　二戸郡には、坂上田村麻呂縁起の寺院や神社が多いと聞きます。また坂上田村麻呂は、渡来中国系の人物であると書かれています。

　さらに、鎌倉幕府が滅亡すると、山梨県南部郷の南部氏が、二戸郡を含む糠部六郡の広大な土地の支配者となるのです。本当に平和で、文化の光が差し込んだのでしょうか。いくども飢餓の苦難な歴史に君臨した南部氏とは、私見ですが、朝鮮渡来人だと思います。

　さて、最近アイヌ学の著書の中には、金田一博士を批判するものが多くあります。それは、博士の著書の中に、アイヌ人は日本人と全く違う異人種であり、文化も異文化で、むろん言語においても、異言語であると書かれている部分に対するものです。

　金田一博士は、日本の言語学、国文学の最高峰に立っ

ておられ、博士の発言がおよぼす影響も大きく、強大な力をもっていたために、後に続く学者が異なる意見をもったとしても、その発表が十分できなかったことがアイヌ学の発展の障害となったともいわれています。

　しかし、最近では学者の研究も進み、いろいろな発言、発表が行われています。

　まず、それを箇条書きにしますと、次の3点にまとめることができます。

　(1)　縄文人はアイヌ人である。

　(2)　アイヌ語は日本古語の中に相当数入っている。万葉集の日本語で解けない言葉はアイヌ語で解ける。

　(3)　日本の宗教で（仏教を除く）神の部分でアイヌ語の信仰と共通する。

　現在日本各地で遺跡の発掘が盛んに行われていますが、あの世界的にも優れている縄文土器は、誰が5、6千年前に作ったのか、また芸術的にも、文化的にも、世界に類を見ない遮光器土偶を作ったのは誰か。それは、日本原住民であるアイヌ人に他ならないのです。アイヌ人は、多いか少ないかは別にしても日本全土にわたって住んでいたものとされています。

　それが、世紀のはじめころ、朝鮮や中国からの渡来人によって、アイヌ人は東に、北に、その住居を追われ、九州王朝ができ、難波王朝、奈良、京都と時代とともにさらに東に追われて、二戸郡の「伊加古の乱」で侵略、殺戮、奴隷の歴史を終えるのです。

　ただ、西日本には朝鮮や南方から渡来した者、沖縄や中国、ベトナムなどの渡来人も多かったのでしょう。江上波夫博士は騎馬民族が馬と鉄器をもって、日本を征服したと主張して久しいのです。しかし、学者の間で認知されていないと私は思います。

　蝦夷とは、中国が名付けたものです。日本は「倭国」とされていますが、その意味は「外臣」で、それは外様なのです。中国にとって日本人は「東夷」、東の未開人、野蛮人の意味です。蝦夷は「辰」と書いて「はるか」と読みます。アイヌは中国から見て、はるかに遠い、野蛮人になります。この段の文字に虫をつけてエゾ（蝦夷）と名付けたのです。中国は文字の国ですから文字を作るのは朝飯前だったでしょう。

　学者によると、渡来人の数によってその国の言語は変化し、渡来人が多ければ、渡来人の言語になり、少なければ渡来人の言語が現地語に同化するといわれています。

　渡来人は、はじめはそんなに多くはなかったから、現地語であるアイヌ語が残り、やがてそれが変化したのが新しい日本語となるのです。これも急激に変化したのではなく3世紀ころまでアイヌ語が多く混じっているのです。したがって、万葉集や古語の中にはアイヌ語がひそんでいるのです。

　宗教についてみると、宗教の性質上本来は一宗教に統一されるものですが、日本では、仏教の伝来によって神

仏混合の形をとっています。それは日本全土にいえることで、欧州のように一宗教ではない特別な文化が日本にあります。それはアイヌの文化が混合していることの証明です。伊勢神宮の神事にしてもアイヌの神事と共通する部分があるともいわれています。

　私の子供のころには、祖母が「今日は何々様だ」とその日には、それなりの食事とお供えを用意して、たくさんの神々を祈っていました。例えば「火の神」「水の神」「山の神」「馬の神」「養蚕の神」等などで、烏などにも神の使いとして、小正月に餅をポポポーと大声で呼んで投げ与えたものです。これなども変化こそしたのでしょうが、アイヌの信仰と相通じるものがあると思います。

　私の小学生の時代には、仏様は（仏教伝来）「いちににいちに」と日本にやってきたと教わりました。もちろんそれは皇紀の1212年を指したものです。

「二戸郡誌」には「西暦552年（欽明13年）朝鮮より仏教伝来」とあります。これは皇紀を西暦にあてたものです。しかし最近の歴史書には、西暦538年に仏教が伝来したとされています。これを「仏様御参拝」と語呂合わせをしています。552年と538年との差は14年ありますが、これは朝鮮史に起因するといわれます。この神仏混合の形は、慶応から明治のはじめにかけて、「神仏分離令」の発布や、「廃仏毀釈」の嵐が起こり、鳥越観音とて例外ではなく、村民は御本尊や仁王様を隠すのに、それは大変な御苦労があった話を親から聴かされたもので

す。

　鳥越観音様は、「盛岡法輪院末山」となっていますが、その法輪院は廃寺に追い込まれて現在も再建はなっておりません。

　また、浄法寺町の「天台寺」も鳥越観音と同じ天台宗ですから、法難は激しかったものと思われます。しかし信者の人々の努力で、重要文化財である「鉈彫り」の数々の仏像は難を逃れたのですが、荒寺となったのは残念です。境内の杉の巨木盗伐事件を経て、今東光や瀬戸内寂聴によって寺院としての体面は保たれております。

　ついでですから、岩手県、青森県、秋田県の寺院の数を別表にまとめましたので参考になればと思います。ただ鳥越観音は関係機関に届出のないのは残念です。

　二戸郡における仏教を考えるに、まず天台寺をあげなければなりません。それは開基1200年を超えるということと、数多くの重要文化財と申しますか、国指定の鉈彫りの仏像のあることからです。また、有名な今東光や瀬戸内寂聴が住職を勤めることも加筆されます。しかし岩手県立博物館編集の「天台寺」によりますと、「開山は行基で奈良時代神亀五年（728）に聖武天皇の命を受けて、八峯八谿（八つの峰、尾根と八つの谷）の当山を八葉山と名づけ、山中の桂の木の大木を刻んで本尊聖観音菩薩とし、宸筆（天皇直筆）の寺号を額として掲げて開山」とあります。また後行で「行基伝説はともかくと

北奥三県寺院表

宗派区分	岩手県	秋田県	青森県	計
天台宗	64	3	9	76
真言宗知山派	26	26	10	62
真言宗豊山派	5	1	6	12
浄土宗	34	48	116	198
浄土宗本願寺派	18	23	5	46
真宗大谷派	48	114	55	217
時宗	12	4	1	17
臨済宗妙心寺派	29	19	8	56
曹洞宗	316	347	173	836
黄檗宗	2	0	3	5
日蓮正宗	8	8	7	23
日蓮宗	31	46	52	129
その他	38	42	32	112
計	631	681	477	1,789

して」と書き、否定とも受け取れる記述になっております。

　行基（668～749）は、百済より渡来人の子孫で、ボロをまとい民衆布教をした方で、学問僧というより実践を尊んだ高僧で学問より民衆の中に入り開田や僑を架ける等活動し、前記728年には、行基を書いた著書によると、そうした土木事業の最中のことで、東北巡錫の記録はありません。

　さらに同書には、「平安時代に慈覚大師が諸像を刻ん

で再興したと伝えられています」と書いています。同書「天台寺年表」によりますと、「886年、慈覚大師、天台寺を再興し脇立の諸仏を造像すと伝える」とあります。

　これとて、円仁（慈覚大師）（794〜864）は886年には現世にはいないわけです。同じ天台宗である鳥越観音とて、「一戸町誌」には「大同二年（807）慈覚大師、奥北に神社仏閣を建立。鳥越観音堂毘沙門堂創建か」とあり、「二戸郡誌」には、「小繋延命堂、鳥越観音、坂本日吉神社建立、爾薩体の蝦夷伊加古の乱」をやはり大同二年807年の条に書いています。後の頁「二戸郡の回顧（東山ノート）」にも書いていますが、慈覚大師円仁は794年生まれですから14歳だったわけで、円仁伝記では、808年比叡山に登り最澄の門に入ったのですから、この記述は不適当と思われます。

　それにしても円仁と東北との関係は、とりわけ深い。「円仁の東北地方を巡錫したことがあった」と伝える「三千院本伝」や「通行本伝」があるが、一方円仁の東北巡錫を歴史的事実とみなさない説もあります。しかし確かめる資料は、なにもありません。

　それはそれとして、東北地方の寺院で、円仁開基と伝える寺院は140寺、中興とするのが22寺、円仁に関係する仏像などの遺芳は169寺もあります。これは単なる伝説であって、天台宗を東北に浸透させ天台密教を大成させた円仁に結び付けたにすぎません。

　ここで私の見解を許されるなら、鳥越観音の伝説につ

いて書いてみます。これは昭和22年頃に書き写したものです。

「慈覚大師円仁は、天台宗を弘めるため、東巡の途に出て或夜のこと、不思議な夢をみた。それは遥か東方に白鳥が飛んできて、或峨々たる山に差懸るや悪雲に遇い飛ぶことが不能となり、その悪雲気中に落ちんとしたとき、如来の御声があり「あれを救いよ円仁」と呼ばれて夢が覚めた。大師はそれより旅路を東方に向け、さらに進めば或るとき、噂に「鳥さえ越し得ぬ山ありて、登りし人再び下りられず、白気常に立ち如何なる魔物住めるにや」と。大師は村人の指す山に向ったが、篠竹の繁茂して道はなく、巨木立ち並び、山は暗く不気味な山の精気、篠竹は前方を望むことをさまたげ、一度風が立てば山鳴りさえ起り、篠竹の風に鳴る葉音は魔物の住むに摘しく思はれた。大師は近くの人家をたずねれば樵夫の家であった。その樵夫の語るに依れば、「篠竹を押し分けて暫く山を登れば岩窟があり白気湯気の如く立ち、山に登ると、再び下りる者なし」と答え、顔は恐怖の色を浮かべ身震いさえする。大師意を決し、苦労の末やっと岩窟の前にたどり着いて見れば、白蛇岩窟に雷の如き鼾して眠り、大師静かに声をかけたれば、鼾はたと止み、暫く大師を見つめ、やがて火気を吐き焼き去ろうとする。大師は素早く水の法を結びこれを消す。白蛇雲を起せば、風の法に霊を吹き払い、互に術と術とで戦い白蛇遂に一口に飛び戦く、大師素早く経典の巻物を白蛇の大

口に投げつければ、白蛇遂に気力を失い巨体を大師の前に横たえるとやがて、不思議にも美女となる。大師は其後も当山に留錫して観音立像他の仏像を彫刻して、大乗経を読み白蛇の雲を納めた。鳥越の名ここに起る」。美女とはもちろん観音菩薩のことでしょう。以上は私の先輩の所で書き写したものです。

　次に、前記の天台寺の歴史について、岩手県立博物館編集の「天台寺」の一項を書いてみます。

「天台寺は平安時代後期には確実に成立していたことが知られます。

　天台寺は古くから「桂泉観音」あるいは「御山の観音」と呼ばれることが一般的でした。北奥には桂の根元から湧き出る清水が霊水として信仰されているところが数多くあります。天台寺の信仰の原点もやはりこの桂清水であったことでしょう。おそらく、古くからここの桂清水は糠部地方の霊地として崇められていて、のちに観音の霊場として、古代最北の仏教文化の中心地に発展したものと思われます」と書いています。

　私は鳥越観音の伝説の白蛇といい天台寺における桂清水の信仰といい「土着信仰」であるアイヌ人の自然信仰なのだと考えるのです。

　鳥越については「土岐」や「大崩崖」の大自然のもっている霊感から、神の存在を意識し信仰へと発展する、まさしく「カムイ・エ・ロク・イ（KANUI-E-ROKU-I）」「神がそこにおられる」―「神がそこに座っている」所

だったと私は考えます。そこに仏教を合祀した、または
「入りこんだ」ので、そこから日本における神仏混合、
混仰が生まれたものでしょう。さらに仏教として独立す
る過程の中で、高僧の名を借用し権威と申しますか箔付
けに使われたものと私は考えます。伝説は伝説として大
事にしておかれる方が良いと思います。

　ついでですが、鳥越観音は永正9年（1743）の観光上
人による三十三の札所制定では3番札所となり、江戸時
代の守西上人（寛保3年1743）では29番に改められま
した。しかしその後も第3番と第29番を併用しており、
安政卯年（1855）の御詠歌額には「◎奥州糠部郡29番
所之順礼　◎第3番鳥越山聖観世音菩薩」と並んで記載
されています。

　明治維新はあらゆる変革があったのですが、宗教にお
いても廃仏毀釈の嵐がありながらも欧州のような一宗教
にはなりませんでした。

　かつて朝廷により全国に国分寺を置き、国立寺院とも
いえる、法隆寺や東大寺他を造営し、仏教は治政の中核
であった時代もあったわけで、明治期以降、「王政復古」
の名のもとに「祭政」側は数々の外国への戦をいどみ遂
に世界大戦を惹起したことは残念です。

　円仁が入唐中にも中国において廃仏の嵐が起こってい
た由。21世紀を迎える今日にも、世界には宗教戦争や
内乱は起こっております。日本は大戦の反省から信仰の
自由は憲法によって保障されていますが、国内には宗教

の名により犯罪が起こっていることは嘆かわしいことです。宗教が武器をもつことの是非は歴史が証明しております。政教分離が叫ばれながら曖昧になっているのは、日本的なのでしょうか、最近になり靖国神社改革論も出て来ました。

　アイヌ人の信仰する神は、大自然の森羅万象を恐れることからはじまり、敬愛感謝の念が基本にあるのです。

　さて、生物科学的な立場から見ますと、神奈川県にある総合研究大学の宝来聡博士の研究では、ミトコンドリアDNAによって個人のルーツをたどることができるといわれております。北海道で発掘された遺跡の人骨と、埼玉県戸田市で発掘された5900年前の人骨から採取されたミトコンドリアDNAを比較したところ、全く同じアイヌ人のものであることが判ったのです。さらに現代に生きているアイヌ人との比較でも同じで、いいかえると縄文人は、アイヌ人であることが科学的に証明されています。これも日本原住民はアイヌ人であることの証明になります。NHKの「日本人のルーツを探れ」という番組では、アイヌ人と同じ遺伝子をもつ日本人は1000万人と予想していますが、私は3000万人はいるのではないかと考えています。

　ついでに、朝鮮系の人は3500万人、中国系は2500万人と予想されます。その他は沖縄南方系が残りの数で、日本は人種のモザイク国家で、決して単一民族ではないのです。また、朝鮮系といいましてもその中には、満州

やロシア領黒龍江付近（アモール川）、渤海と呼ばれた
靺鞨の人々も含まれるものでしょう。

　さて「二戸郡のアイヌ語地名考」の序文としてはあま
りにも長々と書きました。なぜアイヌ語が残っているの
かの説明となればと書いたものです。

　この「二戸郡アイヌ語地名考」は、角川書店刊の「日
本地名大辞典」第三巻岩手県版で、岩手県立博物館蔵
「岩手県管轄地誌」所載の字地名によったものです。二
戸郡の部分では、村名、字名をそのまま採用しました。
現在、二戸市である福岡も福岡村とし、以下市内でも地
誌のとおりの村名で区別しました。なお、同地誌は明治
22年以前の村名が記されています。

　次に、参考とした辞書は、服部四郎著アイヌ語方言辞
典、田村すず子、萱野茂、中川裕、知里真志保各氏の辞
典、金田一京助全集、知里真志保著作集、山田秀三著ア
イヌ語地名の研究、アイヌ語地名の輪郭、金田一京助著
北奥地名考、永田方正著北海道蝦夷語地名解、北海道出
版企画センター刊行書など。ローマ字については、参考
にした著作物をそのまま記載しました。表記には異論も
あるかと思います。

　なお、前記辞書によって解としたものですから、数多
くの異論のあることと思います。アイヌ語では「こうも
読める」といった程度にとどめて解釈されれば幸いで
す。本来は現地を訪ねて判断すべきことですが、それも
ならず、的外れのものもあろうかと、いや、その方が多

いものと思いますが、一つの提案提議と御承知いただきます。ただ、東北のアイヌ史を含む古代日本史に対する思いには、老いた今も若い日の火種が残っていることは、是非お伝えしたいと考えています。

字名一覧

凡例

1. 本一覧は、岩手県県立博物館蔵「岩手県管轄地誌」所載の字地の全部を、当時の郡別・村別に書き出したものである。
2. 字名の表記は、漢字・振りがなともに、大方の場合、原典のままとした。ただし、若干の異体字について、現在通用の字体に改めたものがある。
3. 本一覧の構成・配列は原典のそれに従った。なお郡名・町村名・字名はそれぞれを以下のように表示した。

二戸郡

釜沢村（カマサハ）　上野平（ウハノタヒ）　寺舘（テラタテ）　道ノ上（ミチカミ）　道ノ下（ミチシタ）　川原（カハラ）　柏（カシハ）
木野（キ）　五器石（ゴキイシ）　鮫嘴（サメノハシ）　平中（タヒナカ）　野中（ノナカ）　高瀬（タカセ）　白山（シラヤマ）　山道（ヤマ）
横道（ヨコミチ）　海端（ヲンハタ）　小沼（コヌマ）　山屋（ヤマヤ）　霧ケ久保（キリケクホ）　新田（シンテン）

野々上村（ノノウヘ）　中平（ナカタヒ）　寺沢（テラサハ）　大平（オホヒラ）　出張（シ ミツ）　大清水（オホ シミツ）　中道（ナカミチ）
蜂ケ平（ハチ タヒ）　久保（クホ）　林向（ハヤシムカヒ）　橋場（ハシバ）　上ノ沢（カミ）　柳沢（ヤナギサハ）　外ノ沢（ソト）
九流沢（クリウサハ）　上黒（ウハクロ）　鳥子長根（トリコナガネ）　水上（ミツカミ）　下平（シモタヒ）　萩盛（ハキモリ）　妻ノ神（サイ カミ）
大久保（オホクホ）　内野沢（ウチノサハ）　大舘（オオタテ）　谷地（ヤチ）　阿弥陀（アミタ）　北向（キタムカヒ）　中屋敷（ナカヤシキ）
熊野（クマノ）　荒谷（アラヤ）　大久保（オホクホ）　野境（ノサカヒ）　潰谷地（ツブレヤチ）　油子（アブラコ）　落合（オチアヒ）

金田一村（キンタイチ）　川口（カハクチ）　小野（ヲノ）　水梨（ミツナシ）　権現（ゴンケン）　下平（シモタヒ）　道上（ミチノウヘ）　野（ノ）
月（ツキ）　舘（タテ）　沢田（サハタ）　袖ノ沢（ソテ）　新田野（ニタノ）　勝負沢（シヤウブサハ）　日ノ沢（ヒ サハ）　神（カミ）

山（ヤマ）　海老田（エビタ）　上平（カミタヒ）　上田（カミタ）　面（オモテ）　荒田（アラタ）　八長（ヤツオサ）　沖（オキ）　馬場（ババ）

大釜（オホカマ）　駒焼場（コマヤキバ）　上野（ウハノ）　雨滝（アマタギ）　焼山（ヤケ）　下山井（シモヤマイ）　館（タテ）　段ノ越（タン／コシ）

天間（テンマ）　上ノ野（ウエノ）　五場久保（ゴ）　中ノ森（ナカ）　上山（モリ）　小林（コ）　中川（ナカ）

原（ハラ）　長川（オサカハ）　室久保（ムロクホ）　大清水（オホシミツ）　天狗（テンク）　大沼（オホヌマ）　中里（ナカサト）　跡支（アトシ）

湯田上野（ユ タウハノ）　細沼（ホソヌマ）　湯田（ユタ）

仁佐平村（ニ サヒラ）　稲荷（イナリ）　下構（シモカマヒ）　戸花（ヒ ハナ）　中田（ナカタ）　小山（コヤマ）　大段（オホタン）

大下（オホシタ）　館原（タテハラ）　沖野（オキノ）　久保（クホ）　中屋敷（ナカヤシキ）　清水向（シミツムカイ）　垂柳（タレヤナキ）　馬場平（ババタヒ）

小中沢（コ ナカサハ）　沢内（サハウチ）　本新田（モトシンテン）　篠倉（シノクラ）　放森（ハナモリ）　向山（ムカヒヤマ）　横手（ヨコ テ）

矢沢（ヤサハ）　大子（オホコ）　大畑（オホハタ）　十文字（シフモンシ）　北井沢（キタイサハ）

下斗米村（シモト マイ）　細越（ホソコエ）　十文字（ジフモンジ）　釜屋敷（カマヤシキ）　上野平（ウハノタヒ）　米田平（マイタ ヒラ）

八日市（ヤツカイチ）　上台（ウハタイ）　寺久保（テラクホ）　下平（シモタヒ）　葉平（ハタヒ）　盆野（ホンノ）　久瀬沢（クセサハ）　九縁（エン）

大沢（オホサハ）　芹沢（セリサハ）　坂本（サカモト）　門松（カトマツ）　近江平（タテエヒラ）　館ケ久保（タテカクホ）　高鳥谷（タカト ヤ）

取合岸（トリアヒキシ）　牛間木（ウシマキ）　牛馬舘（ウシ マ タテ）　谷地尻（ヤチシリ）　玉ノ木（タマ ノ キ）　鍔内（ツハナイ）

月折（ツキオリ）　土橋（ツチハシ）　外芹沢（ソトセリサハ）

上斗米村（カミトマイ）　太田（オホタ）　上森平（ウハモリタヒ）　硴田頭（ハサマタ カシラ）　太田沢（オホタサハ）　田中（タ ナカ）

上平（カミタヒ）　小平沢（ウハサト）　上里（コヒラ）　小平（コ）　小間木沢（コマ キ サハ）　橋場（ハシバ）　木附沢（キツキサハ）

古舘下（フルタテシタ）　梅木（ウメノキ）　元六（モトロク）　前田（マヘタ）　長久保（ナカクホ）　川原（カハラ）　達当（タツタウ）　枇杷掛（ハ カケ）

大畑（オオハタ）　下足沢（シモタルサハ）　苗代沢（ナ シロサハ）　長畑（ナカハタ）　蒔前（マキマヘ）　大平（オホヒラ）

狐森（キツネモリ）　槇木（マキ）　舘前（タテマヘ）　深田（フカタ）　上野（ウハ ノ）　中渡（ナカワタリ）　米内（ヨナイ）　本田（ホンタ）

大坊（タイホウ）　川代（カハタイ）　家上（イエ ウヘ）　上川代（カミカハタイ）　上野（カミ）　中沢（ナカサハ）　外中沢（ソトナカサハ）　金田一川（キン）

切明畑（キリアケハタ）　獅々舞森（シシ シマヒモリ）　子々小沢（ノツキタヒ）　野月平（ノツキタヒ）　下坂（シモサカ）

平畑（タヒハタ）　松屋敷（マツヤシキ）　地竹沢（チタケサハ）　小端（コ ハタ）

米沢村（マイサハ）　長瀬（ナカ セ）　下平（シモタヒ）　家ノ上（イヘ ノ ウヘ）　沢内（サハウチ）　荒谷（アラヤ）　下村（シモムラ）　上村（ウハ ムラ）

上平（ウハタヒ）　鎌倉（カマクラ）　蒲沢（カマノサハ）　外山（ソトヤマ）　妻子窪（ツマ コ クホ）

石切所村（イシキリトコロ）　下ノ平（シモ ノ タヒ）　中曽根（ナカソネ）　狼穴（オイヌアナ）　古川（フルカハ）　荷渡（ニ ワタリ）　中

道　前小路　大村　森合　枋木　前田　田尻平　川原

荒瀬　諏訪前　台中平　晴山　向川原　大淵　小間木

牛間木　小壁平　野中　大坊平　上里沢　火行塚　親

子登　松ノ木田　内山　高岩　玉川　横長根　梨子木平

中野新田　上野新田　下野新田　狼久保

堀野村　大川原毛　大畑　大谷地　長地　馬場　長瀬

下川原　三拾苅　上東　東側　小四郎舘　小清水　大

平　狼久保　上野山　道ノ上

福岡村　長嶺　前田　田町　下川原　裏小路　横町

杉中町浦　上平　下川又　陳場　横山　妻ノ神　上野沢

大平　高清水　大沢倉　上野　鳥越　作久保　夏間木

大萩野　高場　槻木平　蝦夷森　船田　繁　別当沢

門沢　桐ケ窪　天満上　上沼　日ノ沢　長塚　沼ノ平

井戸頭　尻子内下平　尻子内上平　尻子内川原　穴牛

矢神　嶽道　上ノ山　大明神平　鍵取　中村　川又

城ノ外　五日市　橋場　松ノ丸　城ノ内　在府小路

八幡平　八幡下　杉ノ沢　舟場　穴切　上野々　風吹

御伊勢堂　鳥谷森沢　馬作目　猫淵　中穴牛　穴牛長久

保　上穴牛　柿木平　鴨首　天神下　大又　大坊下

村松　合野々　槻沢　晃口山　桜清水　中見沢　大洞

二枚平　浪打　苅山　鍋倉

鳥越村　駒木平　川原田　上野平　太田　宮古沢　滝

沢　過石　首戸　平下　一久保　中屋敷　戸屋森　ア

ッ笠　上平　中野平　稲荷沢　唐木峠　黒沢泉　舘下

野月道下　野月道上　野月内舘　悪戸平　捨金　和山

下沢　堀切　八木沢　竹林　額卸

白鳥村　本木平　西ケ久保　堂久保　沼ノ沢　平

樋口　清水　炭穴　山葵沢　向山葵沢　世久保　西沢

白鳥　新兵　エ沢　大森沢　小田沢　田表　平蔵沢

草木沢　高田　繁　松倉　高屋敷　小峠　石倉　馬飼

沢　小祝　荒屋　上平　滝向　四役　境沢　境沢

長根　長久保　中塚　天下塚　馬乗形　鳥喰　内ノ沢

栃久保　八鍋沢　番袋　堀田　天満　坂本　金林　湯

殿　舘

似鳥村　船石　合川　舘坂　平山　滝野　浅石　林ノ

下　水谷野　沢　馬場野　寺ノ上　上平　中道上　前田

沖野　上沖野　戸ノ平　桑ノ木田　大向　向田　大向

上平　加沢　田中坪　嘔ノ坂　一ノ久保　楢舘　沢内

桜久保　莇久保　青ノ窪　小松窪　清水頭　中崎　宮

沢久保　芦替久保　小山久保　丑間木　大久保　上久保

桐屋久保　足駄倉　芋ノ久保　団子森　高房　日通内

福田村　小池　高清水　外川　川袋　下川原　稲荷

前　小田　十二役　久保田　川袋田　中里　向田　川

原前　川原石淵　七ツ役　中平　檜平　サッパ沢　合ノ

ゴキ　大畑　アツラ沢　堺久保　山堺　中田　鳥谷岸

八羅子　青海　栃久保　中屋敷　白山ノ下　外越　八幡

西ノ平　陀羅　駒木沢　山室　大久保越　月山ノ下

野月平　大沢　中崎　桑ノ原　日沢　山久保　上ノ山

西ノ久保　沖口　大久保　栗谷　久保　室久保　孫助

真田久保　於曽久保　七百久保　日影久保　前田　福

田久保　糀久保　家ノ上　大倉　細久保　野場塚　狼

久保　馬立　太田　八前　鳥越久保　笹森　鍋倉　中沢

小池久保　グミ谷久保　小畑沢　横陀羅

安比村　大簗平　上川原　堰代　上大簗平　上平　下

外沢　高房　金ケ沢　上外沢　上野平　安比平　砂子前

道ノ上　法竜平　種漬沢　外ノ沢　大崎山下　関所沢

砂取　小原木　上安比平　小田表　沢口平　沢口　皀

角田　祖父神　舘　茱萸木沢　下沢口沢　苗代沢　外久

保　長久保　石蕨　大明神　鞍掛　大平　上沢口沢

腰ケ沢　北向　坂舘

一戸村　向町　北舘　砂森　田中　上野　大久保

大沢　小井田　蒔前　越田橋　大道沢　大越田　前田

樋口　小滝　親久保　本町

楢山村　平船向　松嶺　平船　大久保　古里　下楢

山　下村向　内野　高平　野坂　合山沢　毛鳥　間木

野　保坂　双畑　田沢　田上　小木田　猿ケ沢　似平

野場　来田　来田沢　中屋敷　深持　中野　舘屋敷　茶

屋場　滝野　沼山　繋　杈ノ林　楢笠

岩舘村　川又　子守　馬場平　御所野　下地切　上地

切　舘　田中　沢田

根反村　御所野　野崎　中村　白谷　ノゾケ　内沢

小根反　川向　中瀬　漆畑

西法寺村　稲荷　諏訪野　関屋　舘越　大平　平田沢

西法寺

姉帯村　侍村　鬼淵　上里　下村　沢山　奥通　尻

28

高　山東　面岸沢〔ツラキシ〕　名子根　月花　葦ケ沢　馬場　門前
舘　川久保　野場鹿〔ノバシカ〕

面岸村〔オモキシ〕　風口〔カサクチ〕　向山　松長根　一本木

女鹿村〔メカ〕　草木　岩崎　女鹿舘　向女鹿舘　江六前〔エロクマヘ〕　沢
内　中崎　上女鹿　大久保　焼切〔ヤキキリ〕　新田

小友村〔コトモ〕　下川原目　上川原目　釜屋敷　向釜屋敷　半
在家　後反〔ゴタン〕　坂下〔サカノシタ〕　桃木〔カバノキ〕　山井

高善寺村〔コウゼンジ〕　傘木　古舘平〔カラカサキ〕　大川鉢　蒼前久保　茂谷
寺屋敷　野田

中里村〔ナカサト〕　愛宕下　武道平　槌屋敷　小荒木　袖子田
下前田　中前田　上前田　旗鉾　中里　袖越　馬場野
天上坊　稗俵久保　砂久保

月舘村〔ツキダテ〕　泉田　泉田前田　舘下　舘　楢上〔ナラカミ〕　稲荷前田〔トウカマヘダ〕
稲荷〔トウカ〕　枕沢　宮沢　鎌倉　樋投〔トヒナケ〕　大屋敷前田　槻木田
大屋敷　上川原　中坪　葛沢　薬師堂前田　薬師堂　金
葛　金葛前　内沢　只屋敷　長沢田　宮田　大細　美濃
口沢　夏葛　花久保　風久保　赤屋敷　相山〔アヒノヤマ〕　八前

出ル町村〔イツ〕〔マチ〕　柏葉　横羽　前田　日影　大畑　栃木沢
夏畑　久保　炭焼沢　西ノ沢　岩清水久保　狼久保　家
向　泉沢　土林　笹目久保　堺田　稲荷田　楢木沢　出
ル町　出ル町前田　中坪　高田　沼田　苅又　寺屋敷
狼久保　桃山　山崎　与羽　板山

田野村〔タンノ〕　前里〔マヘサト〕　馬淵〔マフチ〕　正路〔セウチ〕　寺畑〔テラハタ〕　中野〔ナカノ〕　下田野〔シモタノ〕　上〔カミ〕
田野〔タノ〕　馬場〔ババ〕　触沢〔フレワハ〕　岩瀬張〔イハセハリ〕　岩神〔イハガミ〕

冬部村〔フユベ〕　尻高〔シリタカ〕　外平〔ソトタヒ〕　荒屋〔アラヤ〕　下冬部〔シモフユベ〕　田屋〔タヤ〕　根地戸〔ネチト〕

種屋敷　市部内　畑福　境ノ沢　名前端　岩上　上名前

端　赤平　藤倉　毛頭沢

小鳥谷村　　女鹿口　小性堂　野中　穴久保　下女鹿

沢　後沢　上女鹿沢　野里上　中屋敷上　野里　中屋

敷　篠畑　仁昌寺　高森沢　上里　川向　稲荷　中村

道地　峠渡　駒木　上平　朴舘　峠　笹目子　高屋敷

古屋敷　若子内

小繋村　　新舘林　小繋　下平　西田子　東田子

中山村　西火行　新田　切懸　家向　稲荷林　小稲荷

高屋敷　大畑　軽井沢　上家向　大加口

宇別村　名越　道向　武大敷　本村　笹渡　中村

椛木平

平糠村　　釜石　大志田　大久切　深沢　落合　高間木

東　名子根　下平　野尻　田岡　岩木

御山村　坂ノ下　長渡路　青海越戸　大畑　尻平　松

畑　越戸　下大久保　縫沢　乙孫兵衛　稲荷平　合

ノ沢　上平　長流部　上野　沢田　下前田　後田　鳥

居田　田茂ノ木　中谷地　谷地頭　渡路　腰水　後久

保　山久保　中前田　名越沢　名越　安比内　大嶺　飛

鳥谷地　飛鳥　前田　清水尻　舘　安比内沢

大手　海上田　大坊　広沖　沼久保　木沢　畑向　桂

平　早坂

漆沢村　　八羅子　サツバ沢　磨石越　　下平　上平

漆沢　細田　下前田　関田　舘　十文字　板子山　上

山　荒屋敷　向田　中前田　堤口　松岡　宮沢　長坂

西ノ沢　上舘　ウトノ坂　岡本　岡本前田　上前田　下

前田　岩淵　川又　本郷　小平　大平　北村　下モ沢

手倉森　馬洗場　鏡田　大久保　中平　上谷地　八方

口

浄法寺村　サイカチ田　下前田　樋ノ田　小池　合

名沢　上外野　上野　寺ノ上　浄法寺　八幡舘　門前

向　野田　長者花　焼場　飯近　向山　新山　荒屋

羽余内　渡ヶ羽　袖子又　森越　一反田　大志田　漆

原　梅ノ木　安戸　星川目　田子内沢　舘　山居沢　遠

岸　長袖　下ノ沢　和泉田　前田　小杉沢　明神沢

前田　坂本　里代　空久保　上杉沢　袖ノ沢　季ケ平

深堀　野黒沢　伊崎沢

駒ケ嶺村　海上前田　端保口　海上　山根　中谷地

惣川原田　目暗筋　桜田　野田　駒ケ嶺前田　前谷地

五庵　舘　中畑　駒ケ嶺　樋口　田余内　漆畑　焼切

向川原　馬場向　滝見橋　小又　谷地屋敷

大清水村　下谷地　袖野　空久保　下村　家ノ上　梅

田　山内　湯沢　門崎　下藤　柿ノ木平　霜屋敷　前田

小泉　下モ平　荒屋　サイカチ平

浅沢村　山口　前田　久保田　上藤　中田　岩木向

下田　土沢　山岸　中佐井　関沢口　古屋敷　石神　下

岩木　上岩木　岩屋　寺田　晴山　日影　湯沢　繋沢

赤子平　川原　松原　白岩　五日市　下町

荒屋村　清水　叺田　新町　寺志田　高畑　小屋畑

保戸坂　松木田　新田　扇畑　寄木　赤坂田　黒沢

星沢　細野　小柳田　上山　曲田　打田内　目名市

田沢　谷地田　戸沢　滝沢

田山村　谷地中　田沢　苗代沢　大面平　姥子石

杉沢　大沢　馬揚沢　石森　長志田　根石　長者前

平又　不動川原　小峠　栗木田　左妻　沢口　藍野道

下　藍野道上　上野山　花舘　大沢田　小森　田山　馬

場下　足深　家ノ裏　柿本　田中下　地蔵田　殿坂下

清水　鵜谷地　丑山　丑山口　沖田　表　又戸川原　下

川原　欠田　石名坂下　矢神　石名坂　折壁　蛇石　二

子　勝善川原　下川原　雀長根　比路平　切通　瀬野

沢　小原道ノ上　小原道ノ下　日泥道ノ上　日泥道ノ下

大多利沢口　和屋敷道ノ上　和屋敷道ノ下　相沢　長坂

戸鎖　左比内　白沢口　赤平　中ノ平　小岩井　舘市

作平　兄川　袋部　沖ノ平　中島　大又沢口　兄畑中

川原

（ 二 戸 市 ）

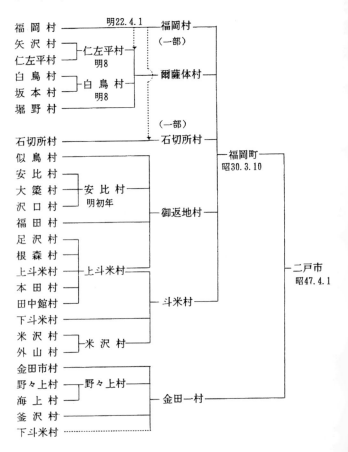

（　二戸郡一戸町　）

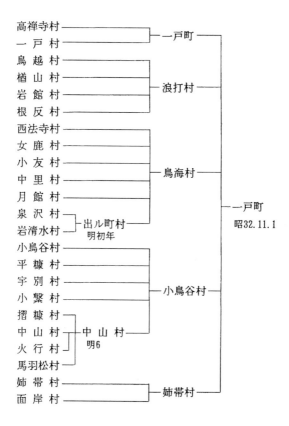

高禅寺村───┐
一　戸　村───┴──一戸町───┐
鳥　越　村───┐
楢　山　村───┤
岩　館　村───┼──浪打村
根　反　村───┘
西法寺村───┐
女　鹿　村───┤
小　友　村───┤
中　里　村───┤
月　館　村───┼──鳥海村
泉　沢　村───┤
岩清水村──┴─出ル町村
　　　　　　　明初年
小鳥谷村───┐
平　糠　村───┤
宇　別　村───┤
小　繋　村───┼──小鳥谷村──
摺　糠　村───┤
中　山　村──┬─中　山　村
火　行　村──┘　　明6
馬羽松村───┘
姉　帯　村───┐
面　岸　村───┴──姉帯村

──一戸町
昭32.11.1

（ 二戸郡淨法寺町 ）

《明治22年4月1日》

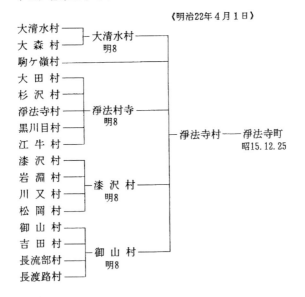

（ 二戸郡安代町 ）

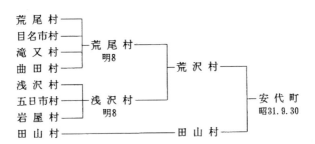

二戸郡のアイヌ語地名考

二戸郡アイヌ語地名の考察

悪戸平について

<ruby>悪<rt>アク</rt></ruby><ruby>戸<rt>ト</rt></ruby> <ruby>平<rt>タイラ</rt></ruby>　　　　　　　　　　　　　　　　　　鳥越

a・ku・to

ア・ク・ト

我らが・飲む・水たまり（水溜め）

　悪戸平は「序文」にも書きましたように、私にはアイヌ語との出会いとなった地名です。

　もとより、生まれ育った土地の地名ですので、何の疑いもなく、口にしていた訳で、それは、母の顔がどんな顔であるにせよ母は母であるように、生まれ育った土地の地名は私にとっては母の顔と同じようなものでした。

　それが、「アイヌ語」であると知ったとき、あらためて地名のもつ意味と遠い祖先につながる歴史の深さを知ったのです。

　悪戸平の「ア」は日本語で、吾、我、の漢字を当てていて、自称、私、あれ、などの意味になります。日本国語大辞典によれば「中古以降は「わ」が使われていたが、やがて衰えた」とあります。

　思えば、私の生地から、20kmも北へ進むと青森県になります。僅か20kmで「私」または「俺」が「わ」に変わるのです。言語のもつ妙を感じます。

　近代に至り、ラジオ、テレビの普及で「わ」も少なくなったのかもしれません。

　また、大言海には、朝鮮古語の「あ」とも通じる、と書いています。東北三県で「悪戸」の地名の一番多いのは秋田県で、能代市には25カ所もあることから、能代市教育委員会に語源を問い合わせましたところ、お返事を戴きました。

　それによりますと、悪土で、泥湿地、川沿いの低平地で、おおかた水入れの地、圷の転訛とあります。故郷の悪戸平は、泥炭または湿地や水害に遇うことはありません。悪戸平は、南に馬渕川、北に安比川に挟まれた台地なのです。肥沃な土地で、川面から40mの高台の平地なのです。

　そして40戸ほどの集落ですが、その集落には昭和初頭まで、井戸はありませんでした。生活水は部落のはずれにある湧き水といいますか、小沢の水を溜めて水槽をつくり、桶を肩でかついで使用していたのです。

　なお、その水が地下を通って、40mの高さの川沿いの崖に、冬にはつらら（古い言葉で垂氷）ができるのです。その見事な景観はテレビでも放映されたほどです。私の生家は馬渕川を挟んだ反対側にあって、春になると気温の上昇によって、きまって夜に、大音響を発して水面に落ちるのが、それが春の訪れを知らせる音なのです。

　知里真志保のアイヌ語小辞典には、

－「a・ku（アク）は我（ら）が飲む」とあります。

－to－（ト）は沼、湖－古くは海もtoといったらしいのです。

日本でも九州や沖縄は海を「ト」といった由、さらに朝鮮古語も同じで、従って壱岐や対馬でもそうだったと書いています。悪戸平の「ト」は沼でも湖でももちろん海ではないのですが、田村すず子著アイヌ語辞典では水溜りも含めて「ト」と解釈しています。「a・ku・to」は、我等飲む水の溜めてある所であり、清水の湧く所なのです。

岩手県

郡	村	地名
稗貫	新堀	明戸　アクト
	滝田	明戸　アケト
	東拾貳	明戸　〃
	八幡	明戸　〃
	黒沼	明戸　アクト
和賀	南成嶋	明戸　アクト
	〃	上明戸〃
	鷹巣堂	明戸　〃
胆沢	稲置	明戸　〃
	秋成	阿久戸　〃
	稲置	安久沢　アク
	〃	安久沢東
磐井	沖田	明戸　アケド

郡	村	地名
閉伊	糠前	阿久道　アクド
	川内	明戸　アクド
	田野畑	明戸　〃
紫波	南矢幅	明堂
	〃	北明堂
	〃	南明堂
	三本柳	明戸
	〃	上明戸
九戸	大野	明戸　アクト
	上館	向明戸　〃
	種市	南明戸　〃
	江刺家	明土　〃
二戸	鳥越	悪戸平　〃

秋田県

郡	村	地名	郡	村	地名
南秋田	馬場目	水沢悪戸	平賀	〃	下明戸
	〃	寺庭悪戸		角間	悪戸
由利	平沢	明戸		土渕	悪戸
	立石	悪戸		鼎	明戸　アクト
	小川	明戸		〃	内明戸　〃
	上川内	明戸		〃	中明戸　〃
	杉森	悪戸沢		小松川	悪戸沢
	雪車町	悪土		植田	阿久登
	宿	アクト		〃	小阿久登
	岩谷	下アクト		睦合	上悪戸
	葛岡	悪土		西野	川悪戸
仙北	荒川	悪土沢		〃	悪戸
	外小友	悪戸野		〃	下悪戸
	六郷西根	悪戸柳原		阿気	阿久戸
	〃	悪戸下川原		上境	上悪戸
	〃	悪戸西高手		〃	中悪戸
	〃	悪戸南高手		〃	下悪戸
	田沢	悪戸		黒川	悪戸
	川原	安久戸		〃	悪戸谷地
	刺巻	明戸	雄勝	椿川	七曲悪戸
	金沢西根	元村悪戸		〃	筋違悪戸
横手	睦成	土佐悪戸		三又	明戸
平賀	今宿	悪戸		畠等	悪戸
	佐賀会	上明戸		椿川	悪戸
	〃	中明戸		高松	明戸

郡	村	地名
雄勝	〃	明戸山
	貝沢	小悪戸
鹿角	毛馬内	下悪戸
	〃	上悪戸
大舘	沼舘	下飽土
	〃	飽土
北秋田	本城	上悪戸
	〃	下悪戸
	浦田	船馬悪戸
	小渕	飽戸
	栄	掛沢悪戸
	〃	下夕悪戸
	坊沢	上悪戸
	〃	下悪戸
	今泉	上悪戸
	〃	下悪戸
	〃	家下悪戸
	麻生	小瀬悪戸
	〃	下小悪戸
	〃	上悪戸
	〃	下悪戸
	中屋敷	中悪戸
	長城	下悪戸
	〃	上下悪戸
	〃	坂地悪戸

郡	村	地名
北秋田	〃	大巻向悪戸
	〃	大巻上三悪戸
	〃	大巻下悪戸
	山田	屋上悪戸
	脇神	川口下悪戸
	〃	川戸沼内悪戸
	七日市	悪戸
	大波	下悪戸
	二井田	下阿久津
	〃	中阿久津
	中屋敷	川越上悪戸
	七日市	下悪戸
	道城	上悪戸
	八幡岱	川井悪戸
	増沢	悪戸沢
	季岱	上悪外
	〃	下悪外
	新田目	上悪戸
	羽根山	下悪戸
	〃	末悪戸
	芦沢	下夕悪戸
	三木田	下悪戸
	根森田	上悪戸
	幸屋	アクト合沢
	桂瀬	惣内悪戸

郡	村	地名	郡	村	地名
北秋田	〃	惣内下悪戸	山本	大沢	上悪戸
	二井田	上阿久津		〃	中悪戸
能代	能代	悪戸		〃	下悪戸
	榊	悪戸		梅内	白岩悪戸
	〃	中悪戸		〃	白岩悪戸山根
	〃	下悪戸		常盤	下悪戸
	朴瀬	下悪戸		〃	大悪戸
	眞壁	下悪戸		天内	下悪戸
	〃	堤下悪戸		〃	中悪戸
	〃	上悪戸		〃	大悪戸
	吹越	下悪戸		〃	上悪戸
	〃	上悪戸		槐	下悪戸
	落合	上悪戸		〃	大悪戸
	〃	下悪戸		梅内	石田悪戸
	〃	古悪戸		小掛	下悪戸
	扇田	道地悪戸	由利	田代	明道
	〃	下悪戸			
	鹹渕	下悪戸			
山本	鶴形	鵜鳥悪戸			
	〃	上悪戸			
	飛根	下悪戸			
	〃	下悪戸綱取			
	〃	中道下悪戸			
	〃	悪戸田			
	鶴形	綱前悪戸			

青森県

郡	村	地名
中津軽	悪戸	悪戸
上北	深持	明戸　アケト
	三本木	〃
	藤島	明戸　アキト
	〃	下悪戸
	大不動	下明戸　アケト
	〃	上明戸　〃
	〃	明戸　アギド
	下田	明土　アケト
	犬落瀬	明戸　アキト
	滝沢	明戸　アケト
三戸	類家	上明戸
	〃	中明戸
	〃	下明戸
	是川	明土　アクド
	角柄	上明戸　アクト
	櫛引	明戸　〃
	〃	上明戸　〃
	上野	下明戸　〃
	〃	上明戸　〃
	大仏	明戸　〃
	尻内	前明戸　〃
	田面木	中明戸　アキト
	長苗代	上明戸　アクト
	〃	下明戸　〃

郡	村	地名
三戸	斗賀	上明戸　〃
	虎渡	久保明戸　アクト
	苫米地	明戸　アクト
	小泉	上明戸　〃
	〃	下明戸　〃
	〃	前明戸　〃
	高橋	小明戸　〃
	島守	中明戸
	〃	下明戸　〃
	福田	下明戸　アケト
	泉山	明土　アクト
	田子	悪土向　〃
	〃	悪土　〃
	〃	明土　ミヤウト
	相米	明土　アクト
	大向	明土　〃
	相内	明土　〃
	〃	上明土〃
	赤石	明土　〃
上北	下田	上明堂
	〃	下明堂
三戸	晴山沢	明堂

額卸について（鳥越村）

　額卸は別名三角山とも言われています。

　この山は私の生家の前に、鎮座ましましている山です。私が生まれて以来30年もの間、朝に夕に否応なしに眺めた山です。子供のころには葛苅場であり、戦争中は青森県の三沢飛行場建設の骨材としての採石場で陸軍御用の看板を付けたトラックが、天下御免顔で走り回っていました。そのころ、勤労奉仕とかで、学校ごとに貨物ホームに運ばれた石材を素手で貨車に積んだものです。手袋なしで貨車に運び込むのですから、積み終わるころには手から血が出て痛かった思い出があります。子供の手の皮膚は薄く、石で手の皮が擦れるのです。あれから60年を経た今日、東北新幹線のトンネルも掘られていて、やがてこの山から地上に列車が出てくることでしょう。

　この山の地名については、地元でも三者三様で「キタライス」「ヒタライス」「キタレイス」などです。

　私の卑見で解説を試みると

　キタライス→キタイ・ライス→キタイ・ライ・ウシ（シがスに訛る）

kitay・ray・us
キタィ・ラィ・ウシ
山の頂上・死者が・居る所、又は行く所

　キタイは山のてっぺんの意味。ライは、死者の霊または魂、ウシは所の意味になります。

　まとめますと「山の頂上に人は死ぬと魂が行く処」となります。

　東北三県には40ヵ所を超える「木戸」キト（kito）の地名があります。もしも額卸は、そのキトと同じ語意だとしますと下記のようになります。

木戸・祈祷
kito・usi
キト・ウシ
ギョウジャニンニク・群生しているところ

　ギョウジャニンニクは「キトピル」「アイヌネギ」などの名称があります。キタライスはキトウシの変訛であるとの確証はありませんが、情況的には否定できないと考えます。東北には現在も行者ニンニクが自生しております。

　山田秀三の著書の一部を紹介しますと

「比布」の北側に「鬼斗牛」（キトウシ）という美しい三角山があり、モイワと同じ地形で地元の古老は、鬼斗牛は比布の「チ・ノミ・シリ」（我ら・拝む・山）といわれていました。

　それに、こんな姿のモイワは、一つの生活圏に、だいたい一つあるといわれます。こういう風にモイワのよう

な独立丘は、その集落の鎮守様だと考えられていました。一戸町には「茂谷山」がありますが、これもアイヌ人には信仰の対象となった山です。

　キトウシは正確に知里博士の辞書によりますと、

　　キト・タ・ウシ・イ　kito・ta・us-i

　　ギョジャニンニク・を・とる・いつもする・ところ

となります。

岩手県

郡	村	地名
紫波	片寄	木戸
	佐比内	元木戸
磐井	真紫	析祷
	〃	析祷沢
	大原	城戸
	長坂	木戸割
	舞草	木　戸
	金沢	城戸脇
気船	矢作	木戸口
稗貫	大畑	南木戸
	北湯口	木戸
閉伊	山田	間木戸
	千徳	木戸井内

秋田県

郡	村	地名
南秋田	黒沢	木戸脇
	台嶋	木戸口
由利	畑	木戸前田
	南福田	木戸口
	新沢	〃
	長浜	木戸脇
	神ノ沢	木戸脇沢
	〃	木戸脇
	塩越	木戸口
	大竹	城戸
平賀	下鍋倉	城戸
	大松川	木戸口
	阿気	木戸口
	阿気	木戸口下
雄勝	八面	木戸ケ沢
北秋田	山田	木戸ケ沢

秋田県

郡	村	地名
北秋田	下大野	木戸石川
	木戸石	木戸石川
山本	森岳	木戸沢
	岩館	木戸沢
河辺	船沢	木戸ケ沢

青森県

郡	村	地名
南津軽	吉野田	木戸口
	尾崎	木戸口
	沖浦	木戸ケ沢
三戸	浜通	木戸場
	泉山	木戸口
	麦沢	上木戸場
	〃	下木戸場
	石沢	木戸場
	新井田	木戸場
	杉沢	木戸口

尻口山について

尻口山
sir-i・kut
シリ又はシル・クッ
きったった岩・岩崖

　この地名は、鳥越観音様のおわします、峨峨たる断崖の山の名です。故郷の先輩である柴田亦雄先生にお目にかかった折に、観音様の奥の院は二戸市ではないか、伺ったところ、即座に否定されました。

　地図を見ますと、そう聞きたくなるほど、市町村界が迫っています。三省堂書店の日本字名大辞典を見ますと、尻口山は鳥越にはなく二戸市にあります。

　さて、故郷が生んだ言語学者でアイヌ語の権威金田一京助博士の著書を引用して答えとします。

「岩層重畳するものをアイヌ語にkutという。陸奥二戸郡福岡付近に、鳥越の観音様というのがある。「封内村誌」などに、尻窟山・尻口山とよんでいる。「シリ」はもちろんこのきったった岩であり、山である。「クツ」といい「クチ」というは即ち重畳する岩層kutである。

　この名がそういうアイヌ語であることはほとんど何の疑いをいれない」と書いています。なお「岩手県管轄地誌」には志利窟とあります。

岩手県

郡	村	地名
二戸	福岡	尻口山
	姉帯	尻高
	冬部	尻高
閉伊	松山	尻引
稗貫	新堀	〃
〃	葛	〃
和賀	二子	〃
紫波	間野々	〃
胆沢	北下幅	尻掛
紫波	土舘	尻掛
九戸	鳥谷	尻掛石
〃	葛巻	尻喰
岩手	鷺宿	尻合沢

秋田県

郡	村	地名
仙北	田沢	尻高
〃	外山	〃
北秋田	小渕	尻高沢
仙北	木原田	下尻引
	内小友	〃
	〃	中尻引
	〃	南尻引

青森県

郡	村	地名
三戸	尻内	尻内
	市川	尻引
	〃	尻別前山
	〃	尻引提沢
	〃	尻別提下
	〃	南尻別

郡	村	地名
三戸	山口	尻喰
	苫米地	尻別河原
東津軽	今津	尻高
三戸	夏坂	尻高沢
	南津軽	大川原

　知里博士の辞書にはシル（sir）とあります。また、意味はたくさんありますが、地・大地・土地・所とあり、動詞や助動詞によってはいろいろの意味をもちますが、地名としては場所により「断崖」と訳される場合が多い。シルエカリ（sir-i・ekari）は断崖に向かってという意味で、この崖の下の洞窟は観音様の奥の院になります。

大崩崖について

大崩崖（オオホウガケ）　　　　　　　　　　　　　　**鳥越**

oho・ooho・崖

オホ又はオオホ・ガケ

深い（鳥越側）日本語

　鳥越観音様を暫くすすむと、やがて土岐と呼ばれているところにつくが、このところの眺望は素晴らしく、二

戸の市街や馬仙狭が一望できます。右手に聳える白亜の断崖を大断崖という。

　本当はこの付近の崖のある広域部分をいうのではないかと、私は思います。

　南部叢書には「大放欠」と当て字されています。当てられた漢字のもつ意味と地形や状態は必ずしも一致していません。

　アイヌ語ではオホ（oho）又はオオホ（ooho）は深いの意味です。「深い崖のところ」をいったのでしょう。また、大崩崖はアイヌ語と日本語の合成語なのです。

　天正19年・九戸争乱のとき、豊臣の軍勢は、奥州街道を避けてこの道を進んだとのことです。総大将蒲生氏郷は、この地に立って、この眺望を見ながら何を思ったことだろう。

　氏郷の甥である蒲生氏綱が陣内で病没し、この大崩崖の頂上に埋葬されたと、梁部善次郎氏は九戸争乱記に書いています。

野月について

野月
not-i/-u notkir

ノッ　ノッキリ

顎・岬（左同）

　北海道に野附という地名があります。

「ノツ」には、顎または「岬」の意味があります。北海道では海に突き出た岬を「野附」と名付けた地名もありますが、二戸郡は内陸で海には関係ありません。

　野月を通る国道4号線の地点から、馬渕川の水面まで、60mを超える高台で、陸地の岬ともいえる地形の所です。

　その狭い急斜面のほとんど崖状のところを切り開いて、東北本線、新旧の国道4号線が通っています。その反対側は谷で、水田が細長く続いています。

　二戸郡には、金田一村、福田村に野月、野月平の地名があります。はたして岬でしょうか、顎状でしょうか。

　上斗米—野月平　金田一村—野月舘　福田村—野月平

岩手県

郡	村	地名
二戸	金田一	野月館
	上斗米	野月平
	福田	〃
	鳥越	野月内館
	〃	野月道上
	〃	野月道下

秋田県

郡	村	地名
北秋田	山田	野月下
	〃	野月
鹿角	山根	野月
	荒谷	〃
	長井田	〃
	花輪	〃

青森県

郡	村	地名		郡	村	地名
上北	米田	野月		三戸	見守	〃
	切田	〃			田子	〃
	切田	野月平			相米	〃
	藤島	上野月			五戸	〃
	〃	下野月			関	〃
三戸	島守	野月			又重	〃
	上名久井	〃			戸来	〃
	高瀬	〃			扇田	〃
	森越	〃			道仏	野附窪
	泉山	〃			遠瀬	野月
	斗内	〃				

アツ笠について

アツ笠　　　　　　　　　　　　　　　　　　　鳥越

atu・ka・sye

アツ・カ・サイエ

オショウの・糸で作った・罠

　アツ笠について、岩手日報社岩手の地名百科では「坍嵩」の意味で、「崩れ易い地形の高所」とあります。私はアイヌ語だと思います。古文に「アイヌなどがアッシの衣は麻の如く見ゆ、うべしこそ木の皮裂きて、布は織るちふ」とあり、アイヌ語のアツニ（at・ni）はオショウ（ダモ）の木の意味ですが、ダモにはアカダモ、アオ

ダモ、ヤチダモなどの種類があると聞きます。漢字では厚子　厚司があり、アツニ、アッシ、オショウなどといい、その皮の靱皮の繊維を細かく裂いて糸をつむいだ繊維を厚司織といいます。

　ついでに、ニペシニ（nipes・ni）ニペシは「シナ」で、ニは「木」の意味です。

　アイヌの人達は、この木で縄や袋をつくり、一番多く利用しました。次にカサの「カ」（ka）については、いろいろの意味がありますが、アツに続く言葉として辞書には「木の内皮の繊維で作った糸」または「糸でつくった罠」などがあります。サについてはサイェ（saye）で巻く、弧、輪などの意味があります。

　昔は野兎や鳥、特に雉子などの小動物を捕っていたものか、ロマンのある話になりました。私も子供のころには針金で「シコクシ」（方言）を仕掛けて野兎を捕ったことがあります。今は懐かしい。

土岐について

土岐　　　　　　　　　　　　　　　　　　　鳥越
rok-i
ロク・イ
カムイ・エ・ロク・イ（神様が座っておられる所）

　北海道を旅すると、観光バスは層雲峡で停車して、ガイドは層雲峡の説明をしますが、私にはそれほど素晴ら

しいと感じる場所ではありません。渓谷の岩層は高く、アイヌは神居と信じて信仰の対象にしていたことは理解できます。

　土岐や大崩崖を馬渕川添いの、下の側から見上げる場合と、上岐の地に立って眺める場合には、違った感じがあります。

　さて、この地の1500年以前を想像すると、カムイ（神居）と感じ、カムイ・エ・ロク・イ（kamuy・e・roku-i）神様が、そこの上に・座っていられる・所だったと私は思います。カムイとは神様のことで、エは頭で、頭とは山ですと頂上の意味になります。これを土岐（上部）の側から見ると、まずエがないのです。さらに神様が省略されると、ロクイが残ります。

　序文にも書きましたが「伊加古」の乱から明治までの年月の経過の中で、ロクイは土岐に変訛したと考えます。土岐は大崩崖から鳥越観音様を含む広い地域をいっていたのだと私には思えます。

　大崩崖には大きな洞窟があります。あれは鷹の巣のあるところだと聞かされていました。鷹は神の鳥です。この神は、村人によって尻口山の洞窟に祀られたと考えます。

　観音様の伝説に慈覚大師円仁が、この洞窟に住む白蛇と戦い、火の法や水の法をもって退治したとあります。この白蛇こそ土着の信仰なのです。

　今を去る1000年をこえるこの地に思いを馳せて、私

がひとりロマンの夢をみるような、土岐は風光明媚なところです。天正19年、九戸争乱の折、打手大将蒲生飛騨守氏郷の数万の上方勢はこの道を通り、政実討伐に向かったとのことです。

　私は子供のころに遠足で、末ノ松山に遊んだ思い出があります。今はこの道もなく、行政にこの道を復活してほしいと思います。

鳥越について

鳥越
to・
トー・越
沼・越しの所

　鳥越は観音様がある小さい集落ですが、古くは、この観音様が生活の中心でした。鳥や獣を食べないことで、知られた土地です。この間、二戸市の考古学者小野寺賢司氏に「実は石切所でもそうでした」とのお話をお伺いして、信仰の深さを知りました。

　この、観音様に因んだ伝説はいくつかあります。仮名付帳には「とごえ」とも書いています。この間、帰郷した折に、先輩、先生の方々にお目にかかる機会を得ましたが、大変嬉しいことに「古代」や「歴史」について研究がなされていて、文献までもつくられています。それによりますと、享保20年（吉宗の時代）に鳥越は、福

岡通りに属す。とあります。もしも「トコエ」としますと「アイヌ語」に近くなります。

鳥越は、馬渕川と安比川が底地を流れています。そんな台地にありながら、けっこう田圃があり、従って水が豊かです。アイヌ語で（トー）は湖、沼、池を意味します。また、戸屋森、稲荷沢もアイヌ語として考えると、鳥越には二つの沼があったと考えられます。

まず、戸屋森（to・ya・moy）はアイヌ語で沼・岸の入江と、読めるからです。

稲荷沢は、月館や西方寺では稲荷を、トーカと読みます。あとで書きますが、アイヌ語で（to・ka）は湖または沼の・上手・上流を意味します。もしも、この沼を埋めて水田としたなら、俗にいう「やづだ」でしょう。鳥屋森の森が（moy）でなく日本語の森だとしても同じことです。鳥越は沼を越えたところ、沼のさきのところではないでしょうか。

地名として福岡村—鳥越　福田村—鳥越久保　が、二戸郡にあります。

唐木峠について

唐木峠
kar・ki

カル・キ

刈る・萓（の生えた峠）

　カラ（kar）はカルで採る、刈るの意味になり、キ（ki）は鬼茅（萱）です。萱刈り場をいったのでしょう。萱は大切な建築材でした。峠は日本語であることは言うまでもありません。

和山について

和山　　　　　　　　　　　　　　　　　　鳥越

wa・山

ワ・ヤマ

水の湧く・山

　水は正しくはwakkaワッカですが、略してwa－ワとも書かれます。和山は、悪戸平の地名になる飲水の湧く山です。waには、いくつかの訳があり、水中を歩いて渡る、徒渉する、渕、岸、…から、…より、など助詞や動詞によって言葉が生ずる。田山村に和屋敷道上、和屋敷道下の字名があります。果たして水が湧いている所でしょうか。

岩手県

郡	村	地名
江刺	人首	和山
気仙	矢作	〃
	上有住	葉山
	世田米	和山

郡	村	地名
閉伊	下附馬牛	〃
	下宮守	〃
	〃	上和山
	上鱒沢	和山

岩手県

郡	村	地名
閉伊	小山田	〃
	千徳	和山
	末前	〃
	橋野	〃
九戸	白前	〃
稗貫	台	羽山
	湯本	〃
磐井	曾慶	和山
	磐清水	葉山
	藤沢	〃
	〃	葉山平
	摺沢	羽山前
紫波	広宮沢	和山
	土館	〃

郡	村	地名
紫波	乙部	〃
二戸	鳥越	〃
三戸	島守	和山
	〃	大和山
	斗賀	和山頭

青森県

郡	村	地名
東津軽	清水川	和山
上北	甲地	和山平
三戸	扇田	和山沢
	斗賀	和山平
	浜通	和山

首戸について

首戸
（クシト）
ku・sito
ク・シト
仕掛弓を置く・山の走り根

鳥越

　この地名は俗にいう「ドキ」土岐のところと、柴田吉雄君に教えて頂きました。また、柴田亦雄先生から「役場でも土岐と書いている」と教えて頂きました。

「土岐」とは（道がわかれるところ）の意味ではないでしょうか。土地にも歴史にも不案内な私の、反論することではないのですが。さて、アイヌ語でクシ（kusi）は通る道、ド（tu）は峰です。tuはトとも、ツとも書かれていて、また「ク」（ku）は仕掛け弓を置く、「シト」（sito）は山の走り根となります。また首のついている地名は多くありませんが、江刺市に人首があります。私事ですが、亡妻の生地で何度もたずねたところです。これについては岩手のところで触れます。

岩手県

郡	村	地名
江刺	人首	人首
二戸	鳥越	首戸

青森県

郡	村	地名
三戸	櫛引	人首沢
〃	沖田面	人頭　ヒトカウベ

秋田県

郡	村	地名
南秋田	山谷	首戸
横手	大屋新町	中首戸
平賀	土渕	〃
鹿角	草木	クヒト
北秋田	八木橋	牛首戸
能代	朴瀬	丑首戸
仙北	強首	牛首頭　クヒトト

捨金について

捨金　　　　　　　　　　　　　　　　　　一戸町・鳥越

sut-i・te・kane

スッ・テ・カネ

麓または根元・ここ・金属

　鳥越にこの地名を見つけて、これは大変だ、私も早速行って拾ってこようと考えましたが、東京から駆けつけても、もう鳥越の方々は全部拾ってしまったかもしれないと、そう気づいて諦めました。

　せめて、アイヌ語の意味だけでも拾おうと考えました。

　アイヌ語でスッ・テ・カネ（sut-i・te・kane e）は「麓または根元・此処・金属」となります。

　山または、土手の麓か根元に赤い水（ヒガネ「日金」）が湧いているところと読みます。安比川沿いは、鉄分で赤い水が湧いているところが多い。

過石について

過石〔ドガリイシ〕　　　　　　　　　　　　　　　　鳥越

tukari・usi

ドカリ・ウシ

（行き止まり）手前の・ところ

　青森県に尻労（シリツカリ）の地名があります。さきにも書きましたがtuはツともドとも書かれています。もしもシリドカリですと、おなじドカリになります。シリは尻口山のところで触れたように、山であり崖です。

　青森県の「尻労」は岩山が海に迫り出していて、海岸を歩いてそれ以上進めない、つまり行き止まりになり、

その手前のところに、付けられた地名です。過石は、鳥越観音様の断崖の手前のところなのです。

　アイヌ語で　カリ・ウシ（tukari・usi）ウシはアイヌ語でこの意味になります。ウシがイシに変訛したものでしょう。なお、ウシは穴牛など地名がありますが、おいおいにふれたいと思います。

駒木について

駒木　　　　　　　　　　　　　　　　　　　　**鳥越**
kom・ki　komaki
コム・キ　コマキ
曲流地・鍋づる

　コムケ（kom・ke）曲がっている。キ（ki）「主として名詞や擬態の語根に接尾して自動詞を作る」川が大きく曲がって流れている場所の地名でしょう。姉帯の駒木もやはり同じ地形だと思います。また（komaki）コマキは鍋づると訳されていて、川の曲流によって、鍋づるの形をした土地をいったものです。

太田について

太田
ooho・ta
オオホ・タ
深い（崖の）・所

　鳥越村―太田、福岡村―太田、上斗米村―太田、仁佐平村―大子があります。

　私はoohoまたはohoで深い、taには「そこ」「そこにある」などの意味のある助詞で、wakka・taのように主語について「汲む」などになり、私は「所」と訳します。

　鳥越の太田は小学校のあった土地で、私が小学校に入学した年に敷地造成と新築工事があって、その造成のときにたくさんの縄文土器が出土して、その土器を入れたリンゴ箱が、いくつもあった記憶があります。

　リンゴ箱に入れられた土器は、職員室の隅に積んであったのですが、いつの間にか無くなっていました。

　縄文人は高台の見通しの良い場所を住居に選んだのでしょうか。

平船について

平船
ヒラフネ

pira・hutune・nay

ピラ・フッネ・川（谷川）

崖の（間の）・狭い・川

　この地名は、何の違和感もないアイヌ語と思えない地名です。この平船には「ヒラフネ」と「タイラブネ」の音読みがありますが、一般的にはタイラブネだと思いま

す。

　平船は底の平たい舟の名でしょうか、ここを流れる川は小井田川といいますが、はたして舟が必要でしょうか。実は沢川で舟の用はありません。それなのに船の付いた地名になったのは、アイヌ語の「ピラフツネ」から来ているのだと考えます。ピラ（pira）とは崖の意味で、崖には岩崖ばかりではなく崩れやすい急斜面も含まれています。フッネ（hutune）は狭いの意味があり平船は狭い崖地を流れる谷川からの地名だと思います。

毛鳥について

毛鳥（モ テフ）　　　　　　　　　　　　　　　楢山
mo・tontor
モ・トントリ
鶏や雉子のトサカ

　毛鳥にはモテフと振り仮名がされています。アイヌ語にモトントリ（motontor）があります。
　意味としては、鶏や雉子のトサカの意味で、地形が「トサカ」に似ていることから名付けられたものでしょうか。
　地図を見ていると、そうも見えるし、違うようでもあります。

合山沢について

アイノヤマサハ
合山沢   楢山

aynu・山・沢

アイヌ

人・男

　合山沢には、アイノヤマサハと振り仮名がしてありま
す。二戸郡には「合ノゴキ」「合野々」などの地名があ
ります。沢とは山と山の谷間を言いますが、わざわざア
イノヤマと振り仮名をしているところに気を引かれまし
た。アイヌはアイノとも言われていた時代もあって、い
つの時代からアイヌ人と呼ばれたのかは不明です。古く
は蝦夷であり、えみしであり、毛人、そのほか悪口の限
りをつくして呼ばれました。

　一説には英国人のジョン・バチェラー博士がそう呼ん
だと書いている本もありますが、私には信じがたく思い
ます。

　日本本州の地名のうち、7、8世紀以後の日本語で解
ける地名は大略半分ぐらいです。

　日本の地名が、日本語で解けずにいるのはなぜだろう
か、それが人種交代があったことのひとつの証明になる
のだと思います。

　福田村―合ノゴキ　福岡村―合野々　月舘村―相ノ山

猿ケ沢について

猿ケ沢　　　　　　　　　　　　　　楢山
sari・nay
サリ・ナイ
湿地の葦の生えている・沢

　アイヌ語で、サル・ナイ（sar-i・nay）湿地の葦の生えている・沢になります。果たしてそうでしょうか。いつの日にか、訪ねてみたいと思っています。

古里について

古里 ^{フルサト}　　　　　　　　　　　　楢山
hure・sat
フレ・サッ
赤い・乾いた（所）

　アイヌ語で、フレ（hure）は「赤い」の意味で、古はフレの変訛だと思います。里はサッ（sat）乾いているの意味です。さて、古里は「赤く乾いている」崖が崩れて山肌の現れている所でしょうか。教えていただければ幸いです。

　小鳥谷村―古屋敷

似平について

似平 ^{ニタヒラ}　　　　　　　　　　　　楢山

nitat・pira

ニタッ・ピラ

湿地（谷地）・崖（または日本語の平か？）

　来田の近くに似平があります。アイヌ語で、ニタッ（nitat）は「湿地・谷地」を意味します。平は日本語でしょう。この地は湿地ではないでしょうか。これも教えていただきたい。

来田について

来田　　　　　　　　　　　　　　　　　　　　楢山

ray・ta

ライ・タ

水が涸れた・沢

　この地名について「岩手地名百科」には「雷電」で雷神信仰と、書いています。

　私は、この地に湧く温泉の色が、錆色または乳白色でこの地名ができたものと考えていました。いささか不安になり、保養センターに電話をいれて確かめたところ、センターでは「無色透明」です、のお返事でした。

　この地には、来田と、来田沢があります。地図を見ていますと等高線が、沢を示していますが、水の流れがないように見えます。もしや、昔は湧き水があり、地殻変動かなにかの理由で、涸沢になったことから、死んだ

沢・死んだところ、になったのではないだろうか。

　アイヌ語で「ライ」は、死・死んでいるですが、川でいえば古川で水が流れず、停滞している状態、または涸れ川になった状態をいいます。もしかすると（ray・ta）で、水が涸れて死んだ沢のところでしょうか。

沼山について

沼山

num-i

ヌマヤマ

ヌム

粒・（果物のある山）又は（木の実）

楢山（来田）

　沼山は、地図で見ると高台にあります。沢地に沼があるかどうかはわかりませんが、高台の地名としては不自然です。

　アイヌ語でヌム（num-i）は粒を意味しています。岩手郡に沼宮内（ヌマクナイ）があります。山田秀三は沼宮内を果物のある川と訳しましたが、果物といってもリンゴなどではなく、とくにクルミを指すと書いています。広い意味ではリンゴも入りますが、粒というからには、クルミ、栗などですが、百合の根などの球根も含めて、食糧となるものをヌムと言ったのでしょう。あるいは栃の実も含み果物のある山の意味と思います。

地切について

地切 <ruby>地切<rt>チ キリ</rt></ruby>　　　　　　　　　　　　　　岩舘

chikir

チ　キ

動物の足跡の多いところ

　地切は私の母の生まれた所であり、私の生まれた所で
もあります。母が実家に帰ってお産をしたからです。
　アイヌ語でチキル（chikir）は動物の足跡が多いとこ
ろです。鹿や猪などの猟場であったものでしょう。

根反について

根反　　　　　　　　　　　　　　　　　　　　根反

o・sor

オ・ソル

尻もちをついたような・窪地

　アイヌ語でオ・ソル（o・sor）その意味は、尻もちを
ついたような・窪地になります。歴史のある土地です
が、私は、一度も行ったことはありませんので、確認で
きていません。
　この根反にノゾケの地名があります。これはアイヌ語
でノシケで剥げている・崩れているの意味です。

ノゾケについて

ノゾケ　　　　　　　　　　　　　　　　　　根反
soske
ソシケ
剥がれている（地形のところ）

　地名となっている地形はどんな所でしょう。

　アイヌ語でソシケ（soske）は剥がれている　と訳さ
れています。ノシケ（noske）には真ん中の意味もあり
ます。真ん中とは何を意味するのか判然としません。や
はり、ソシケ・ピラ（soske・pira）草も木も生えてい
ない崖地の所の地名と思われます。

蒔前について

蒔前（マクマエ）　　　　　　　　　　　　　　　一戸
（ru）・mak・un・oma-i
（ル）・マㇰ・ウン・オマ・イ
（道）・奥・に・行く・所

　蒔前は、古代史の多くの著書に記載されている。なか
でもここから出土した鼻曲がり土面の写真は、多くの本
に載っています。この遺跡は、昭和5年に岩手県立蚕糸
試験場建設のとき、整地をしていて発見されたと書かれ
ています。町誌によりますと、埋蔵品の多くは個人所蔵
とのこと、いささか残念に思います。この蒔前の地名は

二戸市下斗米にもありマキマエと振り仮名されてます。

　私は、アイヌ語のマク・オマ・イと思います。

　①　ル・マク・ウン・オマ・イ　道・が・奥・に・行
　　　く・所

　②　マク・オマ・イ・奥へ・入る・所（川）

　蒔前は楢山—伊保内へと岐れる、道の起点で、この地
名になったでしょうか。岐れるところは、集まる所でも
あります。地の利の良い所に遺蹟があるのだと思いま
す。

　ル（ru）は道ですが、沢（ナイ）でも良いと思いま
す。アイヌ人達の考えは、川は水源から水が流れ下りる
のではなく、河口から上るものと考えていました。奥に
入る、とはそうした意味です。

茂谷山について

茂谷山　　　　　　　　　　　　　　　　　　　　高善寺
mo・iwa
モ・イワ
小さい・山（円い山）

　一戸町地名の一番はやはり、茂谷山でしょう。東山重
雄先生から一戸小学校校歌を作曲いただき、一戸町文化
協会刊「いちのへ」第23号に「茂谷山」を小田野健一
先生が書いておられます。

　私も山頂の山の神様、大権現の鳥居を柴田末吉君の案

内で確認いたしました。また、同号に八重樫哲氏が「茂
谷山に寄せて」と題して、書いておられます。ここでは
知里真志保の辞書を引用いたします。

　モ（mo）①小さい　②語源は子（po）から出る　③
円頂丘

　　　地名においては、とくに二つの場合を指す。二つの
　　　ものが並んでいる場合に大きい方を親と考え、それ
　　　に対して小さい方を指す。

　イワ（iwa）岩山・山、この語は今はただの山の意に
用いるが、もとは祖先の祭場である神聖な山を指したら
しい。語源は（kamuy・iwak-i）神・住む・所の省略形
か。と、書いています。祖霊を祀った山であったでしょ
う。また、この山は里の近くにあることから「里やま」
とも言われて、人々が礼拝に行きやすい地方の霊山だっ
たのでしょうか。例えば茂谷山は、子山だとして、西岳
か稲庭岳が親山だったのでしょうか。茂谷山は「円頂
丘」でもあります。

傘笠について

カラカサ　キ
傘 木　　　　　　　　　　　　　　　　　　高善寺

kar・kar・se・re

カラ・カラ・セ・レ

転がして・ゆく

　kar・karには刺繍の意味があり、カラカラセ（kar・

kar・se）には転がるの意になり、セレ（se・re）が付くと転がすになります。

さて、転がすとは何の意味でしょうか。

おそらくは萱を刈って、転がして下ろした所に付いた地名だったのか、飼草を転がして集めたのでしょうか。

小友について

小友　　　　　　　　　　　　　　　　　　　　小友
o・tomo・t
オ・トモッ
川尻（川下で）・（川が）出合う（合流）する所

　小友に、釜屋敷があります。アイヌ語でカマは、ひらべたい石を意味します。そんな石があるでしょうか。そんな思いで柴田末吉君の案内で行きましたが、見つけることはできませんでした。

　小友は、アイヌ語でオ・トモ（o・tomo）で、川尻が・出合う（行き合う）・所の意味になります。また「モ」には「静」の意味もあります。

　小友は、大先輩東山重雄先生のお住まいの地です。

後反について

後丹（コタン）　　　　　　　　　　　　　　　　小友
kotan
コタン

村又は集落

　後反は、小友にあってコタンと読む由。

　アイヌ語には本来、清音と濁音の区別はない。と知里博士は書いています。

「コタン」については、一軒でも百軒でも「コタン」という。しかし、大きい、小さいをわける言葉はあります。

　ポロ・コタン（poro・kotan）大きいまたは広い・村・集落ポン・コタン（pon・kotan）小さい村

只屋敷について

只屋敷　　　　　　　　　　　　　　　月舘
tata
タタ
踊り（をする）・屋敷

　知里博士はタッタル（tattar）を波立つ、たぎつ瀬と解しました。しかし、この地は波立つ川の瀬ではない。田村すず子著のtataで、…をたたいて細くする。萱野茂の辞書はtataで、叩き切る、切り刻む、かじる、とある。中川裕の辞書はtataは…刻む、とある。

　しかし、知里博士は例として踊り・踊り・する、とも書いている。屋敷が付いていることから、アイヌの踊りが、何かを叩くような動きをすることから、そう名付け

74

られた広場または平地のことか。これは想像するだけです。

八前について

八前   月舘

yam・a・e

ヤマ・ア・エ

栗の実を・aは我ら・eは食べる

　この地名は、二戸市との境界にあり、山地で小沢が流れています。「ハチマエ」か「ヤマエ」で振り仮名はない。

　アイヌ語で、ヤマエ（yam・a・e）だとすると「栗の実を・我ら・食べる」の意味になり、山栗の多い所か。ヤマペ（yam・pe）ですと「冷たい・水」になりますが、音からして栗の木の多い所だったでしょうか。一応、栗の実として書きました。

稲荷について

稲荷   月舘・西法寺

to・ka

トー・カ

沼の・かみて（の所）

　稲荷の地名で「トーカ」と仮名を振ってあるのは月舘

だけでした。そこで一戸町役場に勤務していた柴田金次郎氏に手紙で調査を依頼したところ、その返事によりますと「西法寺の稲荷には沼があったが、今は埋め立てて公民館が建っています。月舘の稲荷は地元の方に伺ったら、沼があったとは聞いたことはない」とのことでした。

　一戸町の地図を見ますと、月舘の稲荷の下流には泉田の地名があります。泉田にはきっと沼があったであろうと一人合点しています。

　アイヌ語でトーは湖・沼・池・水溜まりの意味です。「カ」は上手・沢上（上流の所）（to‐ka）。

　まとめますと、沼の上手または沢上のところの土地を指した地名でした。

　月舘村―稲荷、稲荷前田　　西法寺村―稲荷

樋投について

樋投 （トイナケ）　　　　　　　　　　　　　　月舘
toy・na・ke
トィ・ナ・ケ
土が崩れて・切り取られた・所

　トイは崩れるの意味ですが、土、食土などで名詞の語尾に付いて原になります。ki・toyは萱原、kene・toyは榛原のように、投はナケと振り仮名されています。

「ナ」naは切るの意、「ケ」keは所の意味で、崩落して

切り取られた所の地名でしょうか。

金葛について

金葛 月舘
kane・kut
カネ・クッ
金属・崖（赤茶けた崖）

　月舘村には、葛沢、金葛、金葛前、夏葛があります。植物の葛が生えている所に付いた地名ではないかと思います。

　kaneはkaniとも発音されるのが普通と辞書にあります。岩手県には葛の付いた地名が多い。それは山岳地のためか。葛巻、葛沢、葛内などたくさんあります。

月舘について

月舘（ツキタテ） 月舘
ciksani・tay
チキサニ・ティ
あかだもの・林

　チキサニ（cikisani）については別に書きましたので省略しますが、下斗米の月折を参考にして下さい。

風久保について

風久保　　　　　　　　　　　　　　　　　　　月舘
kasi

カシ

上の・仮小屋のある・窪地

　地図で見ると、花久保より沢下（サワシモ）にありますが、等高線がかこんでいることから、沢から見て上（カミ）の位置に付けられた地名だろうか。「カシ」には仮小屋の意味もあって迷います。仮小屋だとしますと猟のためのものでしょうか。

花久保について

花久保　　　　　　　　　　　　　　　　　　　月舘
par・久保

パ

広い・窪地

　地図で見ると花久保と風久保がならんでいます。

　アイヌ語で、パナは下の意味になり、風久保は上の窪地で、花久保は下の窪地とも考えてみました。地形的には広いことから、パラ（par）広い窪地にも見えます。また、沢上の位置することからパラ（広い）を取ります。地元の方の御指導を仰ぎたいと思います。

旗鉾について

旗鉾<ruby>ハタホコ</ruby> 　　　　　　　　　　　　　　　　　中里

pa・ta・ho・ko

パ・タ・ホ・コ

上（の）・方（は）崖が突き出ている・ところまたは下

　山田秀三の著書に、小鉾岸をオフキシと振り仮名して、鉾をフと読み、松浦氏の「東蝦日誌」にオプケシと書いています。大言海や日本語大辞典にも鉾を「ホ」と読んでも「プ」とは読んでいません。

　アイヌ語でホ・アシ（ho・asi）を「尻を・立てる」と書いています。鉾は鉾木と書いて樹木が空に向かって伸びるさまをいい、槍、鑓や刀剣などを言いました。アイヌ語の尻はシリ（siri）で、地・山・島を言い、特に崖地を言うことが多い。

　もしもアイヌ語のha・ta・hokoですと、ハはパで（pa）パ頭、崎、タ（ta）は方または所、ホ（ho）は崖地または岬で（突き出る）コ（ko）は接尾して、という所でしょうか。

槌屋敷について

槌屋敷 　　　　　　　　　　　　　　　　　　　　　中里

chis・chis

チシ・チシ

削られた・屋敷（大水で）

　この地は小友川と二ツ石川、岩清水川、柏葉川が合流して龍頭川になる合流地点の下流にある地名です。

　アイヌ語にツの音はありませんのでチチになり、チシチシだとすると削るの意味になる。あるいは大水で削られて広場ができた土地に名付けられたものか。チシチシ（ciscis）削る、削られた屋敷かもしれません。

武道平について

武道平　　　　　　　　　　　　　　　　　　　　　　　中里
putu
プド・平
　（川または沼等の）口…の側の平地

　武道平について、一戸町役場に電話で問い合わせた所、ブドー平と読むとのこと。ムトー平だとmun－iで草が高い（芽・萱）だと考えたのですが、ブドー平と読むならばプ（putu）またはput－i／uで「プツ」になる。put・uは（川・沼などの）口、この場合の口は入り口ではなく流れ出る口のことで、沼または水が溜まっている出口になります。日本語で河口とは川が海へ流れ出る所を言いますが、本来は流れ出るのですから川の尻（肛門）の筈に考えますが、別にも書きましたがアイヌ人は、川は海から入って、山にのぼると考えていたの

で、この場合河口は出口ではなく、入り口になるのです。沼にしろ、池にしろput・uは水の出口の意味です。

さて、武道平は地図で見ると、上前田、中前田、下前田より山側にあります。（柴田吉雄君の調査表）地名は動きますので、それはそれとして、果たして500年〜1000年の昔に、沼または池の状態であったかですが、その形相が今でもあるのでしょうか。

野馬鹿について

野馬鹿　　　　　　　　　　　　　　　　　　　　　　　**姉帯**
（ノ バ シカ）

nup・si・kari

ヌプ・シ・カリ

野原（が）・円・廻る（廻っている）

この地名はノバカと読めますが馬鹿ではありません。この地名についてはいろいろと調べて見ました。

その結果次の単語を考えてみました。

ヌプ・シ・カリ（nup・si・kari）野原が・円い。一戸町の地図を眺めていますと、この言葉が私を離さない。この近くに駒木もあって、馬淵川が蛇行していて、よく見ると野馬鹿の土地は、美しい半円形を描いています。

シカリ（si・kari）円くなる

シカリカリ（si・kari・kari）ぐるぐる廻る

カリ（kari）廻る

ヌプ（nup）は野または野原です。

月花について

月花　　　　　　　　　　　　　　　　　　　　姉帯
chiksani・pana
チキサニ・パナ
アカダモ・（川）下

　アイヌ語に「ツ」の発音はなく、チ（chi）がそれに
当たります。金田一京助は「チキサ」を火打石と訳しま
した。一般的には、アカダモ、春楡とされ、アイヌ語で
は「我らこする木」とも訳されている。赤だもは、春楡
とも言い「この木の枯れた部分に穴を穿って火種をこし
らえた」と辞書には書いてあります。「パナ」は「川下」
の意味で「ペナ」は「川上」を意味します。正しくは、
パンケ（panke）は下、ペンケ（penke）は「上」の意
になります。なお「ニ」は木の意味です。

鬼渕について

鬼渕（オニブチ）　　　　　　　　　　　　　　姉帯
o・ni・usi
オ・ニ・ウシーイ
川尻の・木原の・ところ（ウシ）はある

　馬渕川沿いのこの地には渕があるかどうかは分かりま

せんが、姉帯には渕がいくつかあります。若いころ、姉帯で頭首工工事をやった思い出があります。その場所も渕の下流を堰止めて水田に水を引く工事でした。

　アイヌ語で「オ」は地名に出てくる時の多くは、川尻の意味です。「ニ」は木を言い「ウシ」はある。群生など「ところ」を指す場合もあります。渕があるか否かは別にして、木が多く生えていた所を言ったと思います。

姉帯について

姉帯〔アネタイ〕　　　　　　　　　　　　　　　　**姉帯**

ane・tay

アネ・タィ

細い・林（または森）

　姉帯は、私の祖母が生まれた地であり、私の若いころに、馬淵川を塞き止めて水田の水を引く工事をした思い出の土地です。確か頭首工工事と言ったように記憶しています。今もあるのでしょうか。

　また、九戸の乱の折、姉帯大学が豊臣の軍勢を迎え戦った地でもあります。

　アイヌ語では、アネ・タィ（ane・tay）細い・林または森です。また、物の林立、群立または川のそばの木原の意味になります。

名古根について

名古根
（ナゴネ）

姉帯・平糠

na・kone

ナ・コネ

切り・潰される（土地）

　名古根については、アイヌ語でどう読むか悩み続けていました。地図で見ますと、名古根の下流に馬渕川が大きく曲流する地点に崖地があり「姉帯硅木地帯」と書かれています。

　アイヌ語でこれに当てはまる単語を探すと

　　ナ（na）は「切る」

　　コネ（kone）は潰す（れる）砕く（かれる）粉々
　　にする

　名古根は、馬渕川の水流によって侵食されるさまを、切り潰されている状態を言ったところだろうか。

　硅化木が露出している所の地名でしょうか。

風口（カサクチ）について

風口

面岸

kasi・kut

カシ・クッ

上の・崖

　鳥越に尻口山（地図上では福岡村）があります。この

場合のクッは崖の意味になります。

面岸について

面岸
<small>オモキシ</small>

面岸　　　　　　　　　　　　　　　　　　姉帯・面岸

o・mose・ush－i

オ・モセ・ウシ・イ

川尻に・蕁麻・群生する・もの

　姉帯村に面岸と書いて「ツラキシ」と振り仮名がしてあります。同じ漢字を使いながら、ツラキシとオモキシとがあるのには特別な事情があるのでしょうか。表には蕁麻としましたが、一方では「川尻または川辺で・草を刈る（いつも…するもの）」と辞書にはあります。

　この場合の草は萱の意味と考えます。キは萱のことです。私は面岸を訪ねたことはありません。

　地図で見ると馬渕川畔の高台にある集落に見えます。葦も萱もそして刺草も谷の斜面にはあったものと考えます。いささか自信はありませんが読者の判断にゆだねます。

毛頭沢について

毛頭沢
<small>ケ ト サハ</small>

毛頭沢　　　　　　　　　　　　　　　　　　　　冬部

ketto・nay

ケット・ナイ

やち・沢

　アイヌ語でケット・ナイ（ketto・nay）意味はじゅく
じゅくいんでいるような・沢（谷地沢）。果たしてそう
だろうか、お聞きしたいものです。

赤平について

赤平　　　　　　　　　　　　　　　　　冬部・田山
hur・pira
フレ・ピラ
赤い・崖

　アイヌ語でフレ・ピラ（hur・pira）フレは赤い、ビ
ラは崖です。冬部の赤平は赤い崖の意味です。いつか確
かめに行きたいと願っています。崖と訳しましたが、断
崖とは限らず、崩れて山肌を表している斜面も含み、崩
れた肌が鉄分でサビ色になっているものも、ピラになり
ます。

冬部について

冬部　　　　　　　　　　　　　　　　　　　　冬部
pui・pe
プィ・ペ
洞穴のある・川

　この地名については、三つほどの解説があります。

①プィ・ペ（pui・pe）窪みのある・川―または近く
に洞穴のある川

②プイ・ウン・ペ（プイ・のある・所）プイについて
知里博士はエゾノリュウキンカと書いている。プイ草の
生えている所、またプイは穴の意味で岩に穴のある地形
と解した。

③「フ」と「ス」方言で似ていることから「すおべ」
から、アイヌ語の「ス　オッ」で、箱の意味になり、冬
部の地形が、切り立った岩山が両岸に迫り、まさしく箱
形の地形から名付けられた、と書いている本もありま
す。

私の一軒おいて隣に冬部生まれの方がおり、お話を
伺ったところ、洞穴もあるし、プイ草もあるとのこと。
冬部は多くの著書にそれぞれ書いてあって迷ってしまい
ます。隣の方を信用するしかありません。

市部内について

市部内　　　　　　　　　　　　　　　　冬部
ichan・pet・内
イチヤン・ペッ
鮭が産卵する・沢・沢

この地は、昭和30年代に葛巻町に編入された冬部に
あります。市部内は馬渕川に合流する地点の名です。ア
イヌ語を調べると「イチヤン」または「イヂヤン」と書

いて、鮭の産卵場所を言います。多分、この沢は清い水が湧くか、流れている小沢の合流する小砂利の多い場所でしょう。

市部はイチヤン（ichan）で、部はペツ（pet）で沢の意味になります。本来はイチヤンペツでしょう。鮭はここまでのぼったのでしょうか、「ペツ」も「ナイ」も同じ意味です。

根地戸について

根地戸 <ruby>根地戸<rt>ネ チ ト</rt></ruby>　　　　　　　　　　　　　冬部

net・chan

ネッチャン

流木や塵芥が川の表面に溜って魚類の隠れ場所になっている所

名前端について

<ruby>名前端<rt>ナ マエハタ</rt></ruby>　　　　　　　　　　　　　　冬部

nam・makka・hattar

ナム・マッカ・ハッタル

冷たい・水が・よどんでいる所（渕）

冬部村に名前端、上名前端があります。この地名は昭和30年代に葛巻町に編入されて、二戸郡ではありませんが、岩手県管轄地誌では二戸郡ですので記録しました。

　この地名はアイヌ語で「ナム・マッカ・ハッタル」（nam・makka・hattar）と私は思います。地図で見ると、馬渕川沿いの集落があり、恐らく渕がある所でしょう。冷たいとは深い渕のことか、底の水の冷たいことを指したものと思います。

触沢について

触沢　　　　　　　　　　　　　　　　　　　　田野
hure・nay
フレ・ナィ
赤い・沢

　フレはアイヌ語ですが、沢はもちろん日本語です。フレ（hure）は「赤い」の意味です。沢の岩肌か、崩れた山肌が赤いか、沢水が鉄錆色をしているか、行って見ていないので解りませんが、そんなことから名付けられたのでしょう。
　色について、古いアイヌ語には三色しかない。
　①フレ（hure）赤い
　②レタル（retr）白い
　③クンネ（kunne）黒い
　松の葉の色も、緑の山の色も、青い空も「クンネ」で黒でした。

馬渕について

馬渕　　　　　　　　　　　　　　　　田野

mak・un・(pet)

マㇰ・ウン・(ペッ)

奥に・入ってゆく・(川)

　この川は、平庭高原付近に源流をもち、多くの支流を集めて、青森県八戸市で海にそそいでいる。川に対する考え方は、アイヌ人と私達とは違っていて、川は海から上り、山奥へ入って行くものと考えています。

　また、川は生きものと同じに考えられています。源流は頭であり、支流は手であり、合流点は陰部と考えていたと知里博士は書いています。

　この、馬渕川については、たくさんの文献に、たくさんの方々によって、たくさんの解説がなされてきました。それはそれで学識や、古文に基づく歴史観があって書かれたものでしょうから、傾聴すべきものでしょう。地元である二戸郡誌や一戸郡誌にも解説されています。

　また、東山重雄先生から送られてきた「いちのへ」第26号に町長さんの「名付遊び」でも触れられていました。

　私には私なりの見解があっても良いように思いますので、少し書いてみます。

　馬渕川は、古くは「間別川」とも書かれています。馬渕の字名は、旧「田野村」と葛巻町の上流の江刈に馬渕

の字名があります。

　アイヌ語で、マクン・ペツ（makn・pet）その意味は「山の奥の方に入って行く・川」です。

　私は、平庭高原が好きで、もう何十回訪ねたでしょうか。馬渕川沿いの道を遡行し、また下って帰りました。

　姉帯から葛巻にいたる川筋に身を置くと、アイヌ人の見ていた「マクン・ペツ」風景が、私の脳裏を占めます。

　馬渕川は、アイヌ人たちには「山奥へ入ってゆく・もの」と見えたでしょうか。

　　マク（mak）うしろ・奥・山手

　　ウン（un）そこに・そこにある・そこに入る

　なお、蕨前のところにも書きましたが「マク・オマ・イ」のオマは「そこ」の意です。

　イ（i）は時・所・者・物・立つ・立てる・ついている・つけるの意味があります。

小鳥谷について

小鳥谷
（コズヤ）　　　　　　　　　　　　　　　　　　　　　小鳥谷

kot・ya

コッ・ヤ

窪地の・所

　この地は、平糠川が馬渕川に合流するところです。アイヌ人は、馬渕川が平糠川と別れる所となります。

　川だけでなく道路も、また国道4号線から葛巻線が岐

れる地点です。

　アイヌ語で「コツ」は窪地を言います。「ヤ」は海に対して（睦）、湖・沼に対して（岸）、場所に対して（地・所）になります。

　まとめますと、コツヤ（kot・ya）窪地の・所と、なります。アイヌ人は川の合流地点を川が互いに捨て去る所とも言いました。

若子内について

若子内　　　　　　　　　　　　　　　　　　　小鳥谷

wakka・ku・nay

ワッカ・ク・ナイ

水（を）・飲む・沢又は（水を汲む沢）

　アイヌ語で水をワッカ（wakka）と言います。

　悪戸のクは飲むの意味で「わかこ」のコはクだとします。ナイは沢の意味ですから、若子内は「ワッカ・ク・ナイ」が訛ったものと思われます。そうだとしますと、水を飲むまたは汲む沢の意味になります。

　ワッカ・ク・ナイ（wakka・ku・nay）でしょう。

小繋について

小 繋〔コツナギ〕　　　　　　　　　　　　　　　　　小繋

o・kot・nay

オ・コッ・ナイ

尻（陰部）・合わせる・川（合流する川の所）

　この地名は、いくつかの解説があります。
　①コツ・ネ・イ　窪地・である・所
　②小繋を「オ・コッ・ナィ」と読むとO（尻・陰部）
kot（谷）nay（川）陰部は合流地点を言うので、合流す
る・谷川の・ところと読めます。小繋は私の若い頃に小
学校建設を指揮した思い出の地です。

田子について

田子　　　　　　　　　　　　　　　　　　　　　　　小繋
tap・kop
タプ・コプ
たんこぶ山・丹頂丘・小山

　この地名も、近くにあります。三戸や葛巻にもありま
す。
　アイヌ語でタプ・コプ（tap・kop）その意味は、ぽ
こんと盛り上がっような小山。たんこぶ山と解されてい
ます。また、カムイ「神・居」で神様がおられる山でも
あります。神社か、ほこらがあるのでしょうか。
　小繋村に西田子、東田子があります。「田子」という
地名は東北に多いのです。
　淨法寺村—田子内沢

武大敷について

武大敷　　　　　　　　　　　　　　中山
ブ ダイシキ

pus・tay

プシ・タィ・敷

朴（の）・林・所

　プシは「はぜる」の意味、タィは林の意味です。プシ
ニ（pus・ni）は朴の木になり、プシは朴のことです。
朴の木を火にくべると、ぱちぱちとはぜるといわれてい
ます。本当でしょうか、私は知りません。一戸町には朴
舘という地名も人名もあります。

釜石について

釜石　　　　　　　　　　　　　　　平糠

kama・us

カマ・ウシ

ひらぺたい石・ある（ところ）

　私は東京に帰る日、東山先生と高森高原ロッヂで11
時にお目にかかる約束をしていたので、それまでの時間
を利用して、小鳥谷から平糠の釜石を探しました。釜石
はアイヌ語で、平岩・へん盤・ひらたい石と解されてい
ます。

　柴田亦雄先生から釜石は、「間もなくダムに沈むよ」
と伺っていましたので予想はしていたのですが、果たせ

るかなダム工事のまっただ中でした。その現場の上流に
出て進んだのですが、地形が変わり平地になったので、
引き返す途中で、山側の道端に白い石を見つけました。
近くの家を訪ねてお話を伺いますと「昔、東北本線が通
るときこの石を切り出したと、お爺さんから聞いたこと
がある」との話で「かけらがたくさんありますよ。ダム
に沈む下の方にもあります。見に行きますか」と誘われ
ましたが、約束の時間が気になり、お礼を言って釜石を
後にしました。

　アイヌ語でカマ・ウシ（kama・us）ひらたい石の・
ある・所でした。kama・us－iが正しく、iは所の意味
です。

平糠について

平糠　　　　　　　　　　　　　　　　　　　　　平糠
pira・noka
ピラ・ノカ
崖・像

　釜石を訪ねたおりに平糠を回って見たいと思っていま
したが、かないませんでした。平糠は桂化木で名高い、
また金鉱山もあったと聞いています。
　アイヌ語でピラ・ノカ（pira・noka）「ピラ」は崖で
「ノカ」は像の意味になります。崖が何かの像の形をし
ているのでしょうか。

　確認はしていませんが、アイヌ語ではそう読めます。
釜石でお会いした地元の方に伺ったら「像」の形です、
との返事でした。

名越について

名越　　　　　　　　　　　　　　　　　　　　　　**宇別**
nay・kus
ナイ・クシ
川または沢の・向こう側（対岸）

　宇別村─名越　　御山村─名越、名越沢
　クシ（kus）には、通る・通行する・通過するの意味
があり、kus − i には、川（あるいは山）の向こう側の
意味もあります。
　ナイ・クシ・ル（nay・kus・ru）ですと、川向こう
を通る・道になります。あるいはルが欠落したのかも。

袖ノ沢について

袖ノ沢
so・te
ソ・テ　越・子田・沢・野は日本語
平地の広がりのある・ここ（所）

　二戸郡の袖の付く地名としては、
　　中里村　　袖　越　　大清水村　　袖　野

| 〃 | 袖子田 | 淨法寺村 | 長 | 袖・袖子又 |
| 金田一村 | 袖ノ沢 | 淨法寺村 | | 袖ノ沢 |

この地名はアイヌ語の単語から拾ったもので、語呂が
しっくり来ない思いですが、小平地に付けられた地名だ
と思います。

岩手の地名百科では、袖は外の意である、とありま
す。何に対して外なのでしょうか。

釜屋敷について

釜屋敷
kama
カマ
川底の岩盤または岩床

この地名は、小友村─釜屋敷、向釜谷敷　釜沢村─釜
沢　下斗米村─釜屋敷　米沢村─鎌倉も含まれると思い
ます。

この地名は、川底が岩盤または岩床に付けられた地名
で、屋敷については、平、岱、台、川代などと同じ意味
をもっていると私は考えます。二戸郡には…平、…屋敷
が多いのですが、これは別項に書きます。

「カマ」(kama) には平岩・扁盤・岩の意味があり俗に
ひらぺたい石又は岩のことです。

草木について

草木 女鹿

ku・san・ki

ク・サン・キ

弓の・仕掛けを・する（所・場所）

　草木とは何ともない言葉ですが、この地名は良く見掛けるし、また気になる地名でもあります。私の子供のころ、5歳年上の金作君の、年上の方に君呼ばわりは礼儀に反するかも知れませんが、いわば子分でした。冬になると、近くの山に連れて行かれて、野兎や雉子を捕る仕掛けを手伝わされたものです。

　翌朝は早目に出掛け、ときには二羽ぐらい捕まえて帰るのですが、たまには、仕掛けが首ではなく腹にかかって、兎が生きていることもあって、子供ですから背中が凍る思いをしたものです。

　金作君はよく知っていて、立ち木を曲げて針金の輪を仕掛けるのですが、兎は掛かると暴れるので、立ち木が反力で元へ戻り、ぶら下がっていたりしました。こんな仕掛けを弓といえるか知りませんが、アイヌ語の辞書に、雪が降ると仕掛けが駄目になると書いてあります。それは立ち木を曲げた上に雪が積もって、反力がなくなるからでしょうか。いずれにしても、草木とはそうした所の地名でしょう。

　女鹿付―草木　白鳥村―草木沢

女鹿について

女鹿 女鹿
me・na

メ・ナ

枝川

　女鹿はアイヌ語のメ・ナの変訛ではないだろうか。
me・naは、小さい・枝川、と解されています。旧荒屋
村に目名市がありますが、後で書きます。

　地図で見ると、沢というか小川がたくさんあります。
地名も女鹿舘に向女鹿舘、小鳥谷村に女鹿口、下女鹿
沢、上女鹿沢があります。

　メム（mem）は泉の意味で、湧き水から流れる小川
もメムに入るとされていますが、そんな地形相の所で、
私の住みたい所の一つです。

　女鹿村―女鹿舘、向女鹿舘、上女鹿

　小鳥谷村―女鹿口、上女鹿沢、下女鹿沢

江六前について

江六前 女鹿
e・rok-i

エ・ロク・イ

　（神様が）頭または頂上に・座っておられる・所

　この地名については、一戸町誌にも書いてあります。

私が鳥越小学一年生のときの校長は、確か江六前先生と言ったように記憶しています。

　アイヌ語でこの地名を考えると、山の上か、または頂上に神社かほこらがなければ、この地名は生まれないと考えていました。このあいだ、帰省した折に、柴田末吉君の案内でこの地を訪ねました。果たせるかな、大権現様の鳥居と、その鳥居をくぐった登り口に、蒼前様が祀られていて、馬産地であることも示していました。

　アイヌ語で、カムイ・エ・ロク・イ（kamuy・rok・i）で、その意味は「神様が・そこに・座っていられる・所」です。アイヌ語の「エ」は頭、頂上の意味で、神様が・山の頭、つまり頂上に、いられる・所で、カムイ（神様）が省かれた地名でした。

　エ・ロク・オマ・イ「頭、頂上に・座って・いる・所」（e・roku・oma－i）江六前でした。座っているのは神様。

　江六前から小友に回りました。釜はアイヌ語で、平たい石の意味になりますが、釜屋敷には平たい石があるのでは、との思いもあったからです。しかし、そんな石は見つけられませんでした。末吉君が、物知りから聞こうと案内されてお会いしたのは、なんと、私が若いころにお世話になった大先輩東山重雄氏でした。

　先生は私の顔など覚えているはずはないのですが、私が名乗り頭を下げると、満面に笑みを浮かべて、小声で「また別の所で逢おう」と言って下さいました。

　若い日に「高善寺」に集まり、先生から文学を学び、機関誌「二戸文芸」を創り、いろいろ教えて頂いたころが思い浮かび、目頭が熱くなる心地でした。その二戸文芸に載せて頂いた「深秋の末の松山」を、佐藤綾夫先生主催の「金田一歌のつどい」で歌って頂いて、そのビデオを柴田亦雄先生から送って頂いたことがあります。今はただ懐かしい思い出です。

　金田一は金田一博士の祖先の土地で、何か不思議な縁を感じます。

宇別について

宇別　　　　　　　　　　　　　　　　　　　　　**宇別**

ut・pet

ウッ・ペッ

肋骨・川

　宇別をアイヌ語でウッ・ペッと書いています。

　ウッナイ（ut・nay）、ウッ・ペッ（ut・pet）について、知里博士は、脇川、横川、あばらぼね（肋骨）川、と書いています。

　本来は湿地から、いく筋か流れ出て、やがて本流に合流している状態を言います。地図を見ていると段丘がいくつかあって、小川がいくつか流れています。それゆえ名付けられた地名でしょうか。

與羽について

與羽
_{ヨ ハ}

出ル町

i・o・pa

イ・オッ・パ

それ・ごちゃごちゃいる・上または上の方

　アイヌ語による地名に、語頭に「ヨ」の付くものは少ない。

　米内、与茂内などで、山田秀三はヨをイとして解説しています。山田流に訳すとヨハはイ・オッ・パになると思います。アイヌ人達は恐ろしいもの、おそれおおいものに対しては、具体的に言わず、ただ「イ」と言ったとされています。

　イは「それ」の意味で恐らくは、蛇を指すと考えられています。パは頭・崎の意味ですが、向こう側、かみての意味もあって、この場合「蛇がかみにいる所」になります。

　狩猟の民と言われたアイヌ人は、本当に蛇が恐かったのでしょうか、それとも神の使いといった信仰的なものでしょうか。

風吹について

風吹
_{カセフキ}

福岡

kasi・pukusa

カシ・プクサ

上の・キトピロまたはキヨウジャニンニクが生えている所

　行者ニンニクは現在でも岩手の山に自生しています。福岡のどの地点か、地図を取り寄せても字名の記入はありません。行政はそこまでサービスはできないとのことです。取り付く島もありません。

別当沢について

別当沢 ベットウサワ　　　　　　　　　　　　　　　福岡

petaw

ペタウ・沢

枝沢または二股・落合

　この地名は枝沢または二股になっている沢の落合に名付けられた所の地名と考えられます。

尻子内について

尻子内 シ　コ　ナイ　　　　　　　　　　　　　　　福岡

sir・ko・nay

シリ・コ・ナイ

崖（に）・向かって流れる・川

　福岡は九戸政実の乱の後に宮野を福岡と改めた地名ですが、尻子内川原、尻子内上平、尻子内下平の地名があります。sirは言うまでもなく「崖」の意で、koは「向

かって」nayは「川」の意味です。まとめると「崖に向かって流れる川」の意味で、川原や上平、下平はそれぞれの地形で日本語です。

穴牛について

穴牛（アナウシ）　　　　　　　　　　　　　　　　福岡

a・nam・us – i

ア・ナム・ウシーイ

我々（の）・冷たい（水がたくさん湧いている）・所

　穴牛はアイヌ語であることには間違いないと思います。しかし、その訳については解らないのが正直なところです。

　強いて訳を試みると。

　　ア（a）は　私、我等、私達（吾、我）などで悪戸平の通り

　　ナ（na）は適当な訳は出来ない

　　ナン（nan）は顔

　　ナム（mam）は冷たい

　　ウシ（us）は「そこに群在する」「群生する」「群居する」「ついている」などで普通に「ある」と訳される所ともなる。

　穴牛は、冷たい良質の清水が湧いている。しかもたくさん湧いている所の地名だと考えます。

　穴牛が親の地名で、そこから穴切、中穴牛、穴牛長久

保、上穴牛などの五つの地名が生まれた。私は、当たらずとも遠からず、そう思っています。

荷渡りについて

荷渡 <ruby>荷渡<rt>ニ ワタリ</rt></ruby>　　　　　　　　　　　　　　石切所

ni・watara

ニ・ワタラ

木・岩石がごろごろある所

　この解釈はちと苦しいが、多分、川の増水のとき流木が大きい岩石のある岸に流れ付く所を指したものと私は考えます。

　一時は「ニ」は木ですから丸太橋の掛かっている所を考えてみたこともあるのですが、石切所の現状を考えると、丸木橋の掛かる所はなさそうなので、流木としました。苦しい訳になりました。御指導下さい。

晴山について

<ruby>晴山<rt>ハレヤマ</rt></ruby>　　　　　　　　　　　　　　浅沢・石切所

haru

ハル

食糧（ある）・山

　アイヌ語で、ハル（haru）は食糧と訳されています。
kamuy・haru は熊の肉のことですが、一般的にはク

ルミや栗のことと考えます。

小祝（白鳥）、小岩井（田山）について

小岩井　小井　　　　　　　　　　　　　　　　　　白鳥

ko・iw－i

コ・イワーイ

（あの山に）向かって・拝む・所

　小祝の地名は、小岩井（田山）など地名に多く、ko
については接尾するときと接頭する場合があります。こ
の場合は接頭しているが、いくつかの語意があります。
私は「向かって」が適当と考えます。イワ（iw）は岩
山の山地、神が住むなどがありますが「神様が住んでい
る」と訳します。イ（i）については、所と訳して、私
達（我々）はあの山に「向かって」「神様を」（拝む）
所、とまとめました。

　小祝や小岩井には、現在も神社やほこらがあるものと
思われます。

白鳥について

シロトリ
白鳥　　　　　　　　　　　　　　　　　　　　　　白鳥

pira・utur・u・(nay)

ピラ・ウトル・（ナイ）

崖の・間を流れる・川

　民話には鳥越を越えた白鳥は、この地に舞い下りたとのことです。

　アイヌ語では「ピラ・ウドル・ナイ」（pira・utur・u・nay）「崖の・間」…崖の間を流れる・川の意味になります。

　私はこの地の道を、何度も通っているのですが、よく知りません。地図を見ますと崖の記号があります。本当はどうなのでしょうか。

鳥喰と鳥谷岸について

鳥喰（トリクヒ）　　　　　　　　　　　白鳥ほか
to・kus
トー・クシ
沼・の向こう側、または通る（道）

　白鳥村に「鳥喰」という地名があります。私の生まれた鳥越では、私が子供のころまで、鳥はおろか肉類や卵までも食べませんでした。鶏小屋から卵をとったときは、手を洗うほどで、それは観音様の信仰の故なのでしょうか。この鳥喰とは少し変です。

　岩手県の地名を調べると下記の通りです。

磐井郡	清田村	鳥　喰
〃	弥栄村	鳥　喰
〃	渋民村	鳥　喰
閉伊郡	白岩村	鳥　喰
〃	白岩村	鳥喰下

閉伊郡	土淵村	鳥　喰
和賀郡	二子村	鳥　喰
〃	二子村	鳥喰前
二戸郡	白鳥村	鳥　喰

　これほどあると、何かの間違いとは思えない。秋田県に「洞喰向」「上洞喰」があります。鳥越村に戸屋森、福田村には鳥越久保があります。二戸郡に鳥谷森沢は（福岡村）鳥谷森沢（鳥越村）戸屋森（福田村）鳥谷岸　岩手県には14ヵ所あります。

　鳥喰と鳥谷岸、鳥谷森は関連があります。

　鳥喰はアイヌ語で「トークシ」（to・kus）で、to－は沼、kusは、…を通る、または、何々の向こう側の意味になります。また、鳥谷岸はtoは沼、yaは岸です。さらにトーヤとアイヌ人が言っていたものに岸をつけたもので、恐らくは沼の岸がトヤだったでしょう。それに岸を付けたから、沼岸岸になったのでしょう。

鳥谷

to・ya

ト・ヤ

沼・(の) 岸

岩手県

郡	村	地　名
岩　手	西安庭	鳥谷森
和　賀	中　内	鳥谷場
	谷　内	富ヤ森
	横川目	鳥谷脇
磐　井	清　田	戸谷場

郡	村	地　名
磐　井	八　沢	山時沢　トヤサワ
	藤　沢	山時ケ森　トヤ
	上折壁	鳥矢場
九　戸	鳥　谷	鳥谷　トヤ

108

岩手県

郡	村	地　名
九戸	〃	鳥谷前田
	黒　沼	鳥谷
二　戸	鳥　越	戸屋森
	福　岡	鳥谷森沢
	福　田	鳥谷岸

秋田県

郡	村	地　名
北秋田	川　井	鳥屋岱
	〃	鳥屋沢
由　利	坂ノ下	鳥屋森
	関	〃
	下笹子	〃
	虚　川	〃
仙　北	上桧柄	〃

秋田県

郡	村	地　名
南秋田	船　川	鳥屋場
雄　勝	戸　波	鳥屋森
由　利	大水口	鳥屋田
	八　田	鳥屋沢
	赤　田	鳥屋場
	吉　沢	鳥屋場
能　代	朴　瀬	登家場
北秋田	萱　草	戸屋長根
河　辺	百三段	鳥屋ケ沢
	八　柳	鳥谷場
	〃	鳥屋坂

青森県

郡	村	地　名
東津軽	三　麿	遠矢場

　鳥越については鳥越のところで書きましたが、やはりアイヌ語のト（to）で、沼越え「とごえ」が古い地名だと意を強くしたしだいです。

　岩手県には、気仙郡小友村に鳥越があり、二戸郡では福岡村、鳥越　福田村に鳥越久保があります。

　秋田県には調べた結果28ヵ所ありました。また、ト・ヤ（toya）については別表の通りです。

岩手県

郡	村	地　名
閉　伊	普　代	銅屋 トーヤ
	達曽部	銅地
	〃	湯屋場
	〃	湯屋前
紫　波	赤　林	銅屋
磐　井	山ノ目	銅谷
九　戸	荷軽部	銅屋川原
	江　刈	遠矢場

秋田県

郡	村	地　名
平　賀	坂井田	銅屋巻
川　辺	相　川	銅屋

青森県

郡	村	地　名
南津軽	藤　崎	銅屋森 ト ヤモリ
下　北	白　糠	銅屋
東津軽	蟹　田	高銅屋

海端について

海端 <ruby>ヲンハタ</ruby>　　　　　　　　　　　　　　　釜沢

onne・pa・ta

オンネ・パタ

親（川の）・上の所（集落）

　二戸は内陸にあるのに海端とはなぜか。私は一つの仮説として次のように考えました。

　まず、地図によると海端の地に、海端川と山屋川が、馬渕川に合流する地点は約200mぐらいであること。源流となる山の山名は書いてありませんが海端川の方は382mあり、山屋川の方は284mであることにまず注目しました。

　アイヌ語で大小を区別する言葉に、大きい（広い）方

をポロ（poro）と言い、小さい方をポン（pon）と言う。また、別に大きい方をオンネ（onne）と言う。オンネは「老い」の意味ですが、親とも訳される。小さい方はポン（pon）と言い「子」または「若い」と訳されます。

　地名の中では、岩でも島でも岡でも崎でも崖でも川でも、二つ並んで存在する場合、よくオンネ（onne）、小さい方にポン（pon）を冠せる。今のアイヌの古老は、それを「大きい」「小さい」と訳しています。海端のオンはオンネの省略と考えます。

　端については、パタ（pata）がハタに変訛したと考えます。今は海端川ですが、古くはオンネ・ナイ（onne・nay）と呼ばれていたと思います。川にしても山にしても海端川は親だと思います。その合流する所の上pataはpa・taで上を意味しています。正しくは上の方、またはかみの所です。

五器石について

五器石　　　　　　　　　　　　　　　　**釜沢**
五器・us
ゴキ・ウシ
食器・（の）ある（所）

　似鳥村に合ノゴキについて、アイヌゴキ（食器）と訳しました。大言海では「合器」「五器」合子の蓋付の椀

とあり、日本国語大辞典では「御器」「五器」で合器の
変訛したもの、

　　①食物を盛るためのふた付の器
　　②修行僧や乞食が食物を乞うために持っている椀
　　③飯椀（多くは木製）

　とあります。石が付いていますがウシ（us）で「あ
る」でしょうか。

　岩手県で、ゴキは飯椀（食器）をいったものと思いま
す。ゴキは二戸では古語になり現在は死語となったと思
います。アイヌ語ではありませんが調べたついでに書き
ました。

大釜・釜について

大釜
<small>オホカマ</small>

oho（ooho）・kama　　　　　　　　　　　　金田一

オホ・カマ

深い・ひらぺたい地肌（岩）

　この地名は岩手県管轄地の字名の中にあるもので、何
度も書きましたが現在の二戸市地図の中にはありませ
ん。それは記入がないとの意味で、実際には字名はある
と思います。また現在図に釜沢の地名があります。アイ
ヌ語でkamaは平岩と訳されています。

　大釜は大きい平岩とも考えますが、大釜の大（オホ）
は深いのohoというアイヌ語とも思います。大釜は深い

崖地の山肌がなめらかな所の地名だと考えます。現在図にある釜沢は沢肌がなめらかなことから釜沢と名付けられたのではないでしょうか。

勝負沢について

勝負沢 <small>シヤウ ブ サハ</small>　　　　　　　　　　金田一

shup・nay

シウプ・ナィ

茅（ある）・沢

　地図で見ると馬渕川沿いの沢といってもそれほど深い沢に見えません。私は表記のように訳しました。

　茅、萓の生えている地の地名だと思います。

八長について

八長 <small>ヤンオサ</small>　　　　　　　　　　　　金田一

ya・n・o・san

ヤン・オ・サン

川岸（の）・川尻・（増水で）水をかぶる所

　アイヌ語でヤ（ya）は岸の意味、ヤン（yan）は海から見て陸または「のぼる」「あがる」あるいは陸の意味があります。おさはオサルまたはオサンで、くだるの意味があります。

　この地名は川沿いの地でしょう。ヤンはのぼるで、オ

サンは下りるで、これはどう訳せばいいのだろうか。恐らく川が増水すると「水がのぼる」または「かぶる」の意でオサンは増水の意味になります。地名で尾猿内、山内は水がくだるで、増水の意味になります。増水すると水をかぶる所の地名だと思います。

長川について

オサカハ
長川　　　　　　　　　　　　　　　　　　　　金田一

o・sat・nay

オ・サツ・ナイ

川尻・乾く・川または沢

　この川は地図で見ると、金田一温泉の横を流れる川で、地図で見る限り長い川とはみえません。それなのに長川とはどうしたことか、アイヌ語でオサッナイの仲間の川かと思われます。

跡支について

アトツカ
跡支　　　　　　　　　　　　　　　　　　　　金田一

atus・tuka

アドサ・ドーカ

裸である・峰の上

　金田一村には高い山はありません。この跡支についていろいろ考えてみて、やはり見送ろうとも考えました

が、叱正を承知で書いてみました。atusは知里博士の著
書では「山について言えば、草も木もなく地肌が荒れて
いる状態」と書いています。また、ドーカ（tu・ka）は
「峰の上」とも書いています。金田一村に山の頂上が禿
げている山があるのでしょうか、アイヌ語ではそう読め
ます。

金田一村について

金田一　　　　　　　　　　　　　　　　　　金田一
kimu・ta・ushi－i
キム・タ・ウシ・イ
山の方に・ある・川・（の）所

　この地名について、キム・タ・ウシ・イ（kimu・ta・
ushi－i）山の・方に・ある・沢・または川と解説され
ています。また、金田一は金田一京助博士の祖霊の地で
あろうことは間違いないと思います。
　上斗米―金田一川

放森について

放森<ruby>放森<rt>ハナモリ</rt></ruby>　　　　　　　　　　　　　　　　　　仁佐平
pana・moy
パナ・モイ
　（川）下もの・よどみ（の所）

　パナはパナケ（pana・ke）とも書いてアイヌ語で、下手（シモテ）の意味です。

　モイのモには静かなの意味で、総合して「川下の、川岸がえぐれて、水が渦状に流れよどんだ所」となります。

仁佐平について

仁佐平　　　　　　　　　　　　　　　　**仁佐平**

nisa・tay

ニサッ・タイ

窪地の・森

　この地名に当てる文字はいくつかあります。「一戸町誌」に伊加古の乱についての記事は大和朝側に立って書かれていて、殺された原住民の側についての記載がないのが私には残念です。

　アイヌ語にニサッ・タイ（nisa・ai）窪・森、（nisat・tai）黎明の・森と書かれています。

　仁佐平は「まえがき」に書きました歴史的有名になった地名です。

戸花について

戸花（トハナ）　　　　　　　　　　　　　**仁佐平**

to・pana

ト・パナ

沼または池の・下手（又は端）

　地名は移動もするし変更もあります。私は浪打村大字鳥越の生まれですが昭和30年代に町村合併により、浪打村は歴史の中に消えました。

　「二戸郡アイヌ語地名考」は、岩手県立博物館蔵「岩手県管轄誌」収録の字名を使用しました。従って村名もそれに依りました。

　さて、仁佐平には池または沼があったか否か、今はなくとも昔はあったのか分かりません。戸花はアイヌ語で、私には沼はあったと読めます。

　パナはアイヌ語でパンケ（panke）川下の意味で、ペンケ（penke）は川上を意味し、略してペナとも言います。

北井内川について

北井沢 <ruby>キタイサハ</ruby>　　　　　　　　　　　　　　仁佐平

kitay・nay

キタイ・ナイ

…のてっぺん・沢

　北井沢は地図で見ると短い沢で、アイヌ語とは無縁かも知りませんが、一応書いてみます。てっぺん（kitay）、山のてっぺん、山嶺の意味になります。崖の場合は崖のてっぺん（頂上）になります。北井沢川は、

何の頂上なのか解りません。南隣に沢内があり、そこを流れる川は「沢内川」で、アイヌ語で書くとナイナイナイ（nay・nay・nay）になり、苦笑します。

松屋敷について

松屋敷　　　　　　　　　　　　　　　　　　上斗米
mat － i
マツ・屋敷
女・妻

　マツはアイヌ語で、女であり人妻です。メノコ（menoko）は女であり女の子（menokopo）。また、植物の松の生えた小平地の意味かも、また、美しい未亡人の住んでいる所かも。マツカチ（mat・kaci）は「小女、女の子」です。

斗米について

斗米　　　　　　　　　　　　　　　下斗米・上斗米
to・oma － i
ト・オマ・イ
沼ある・所

　アイヌ語にト・オマイ（to・omai）沼ある・所で、沢川が長く続いている地形で、そのどこかに沼の上手を、上斗米と呼び、沼下を、下斗米と名付けたものでしょ

う。

　私の六原時代に、蛇沼農場で訓練を受けましたおり、緬羊のカレーライスを初めて食べました。そんな美味しかった懐かしい思い出があります。

　またト・オマ・イ（to・om－i）「沼・ある・もの」と訳して、溯って行くと、沼に入っている川とも訳されています。

月折について

月折
<ruby>月折<rt>ツキオリ</rt></ruby>　　　　　　　　　　　　　　　　下斗米

cikisani

チキサニ

アカタモの木

「チキサニ」について、金田一京助は火打石と訳したといわれていますが、本来は火をおこす（発生）木のことです。辞書には、火種にする木、こすって火をおこす木とあります。

　オレ（ore）たくさんの意、キサ（kisa）は、こするの意味で、我々がこする木とも訳されたりもしています。月折は、アカダモの木の多く生えていた所でしょうか。

　火打石は古語に「ピウチ」とも書いています。火は水と共に生活の大事な要素です。

達当について

達当 (タットウ)　　　　　　　　　　　　上斗米

tatu・to

タツ・トー

樺（の木がある）・沼

　アイヌ語でタツニは、樺の木の意味です。「ト」は沼
または池の意味になり、樺の木の生えている沼のあたり
の地名でしょうか。斗米は別にかきましたが、トー・オ
マイで沼あるものと訳されていますので、沼はあったと
考えています。

枇杷掛について

枇杷掛 (ビ ハ カケ)　　　　　　　　　　　上斗米

pipa・掛

ピパ・掛

穂摘み用具殻・穂ちぎりに用いる具

　ピヤパ（piyapa）は、稗のことですが、恐らくは穀物
の穂だけを切り取るか、かきとる道具をピパと言ったも
のでしょう。

子々小沢について

子々小沢　　　　　　　　　　　　　　　上斗米

ko・kopan

120

コ・コパン
危険な所の・小沢

　ココウ（kokow）は婿の意で地名にはふさわしくない。コーコパン（ko・kopan）は、コはそれ（人に対して）コパンはいやがる。または拒否する（だめだと言って）の意味になり、多分危険な場所でしょうか、例えば崖地とか崩れやすい所とかそんな所の地名でしょうか。

米内について

米内〔ヨナヘ〕　　　　　　　　　　　　上斗米
i・o・nay
イ・オ・ナイ
それ・ごちゃごちゃいる・沢

　アイヌ語のイ・オ（あるいはオッ）ナイ（それ・ごちゃごちゃいる・沢）だったのだろうか。イ（それ）は恐ろしいもの、大切なものを憚かって言った言葉で、この場合蛇でも多くいる沢だったろうか。アイヌ語時代は、蛇が特に恐ろしいものとされていたのです。

九縁について

九縁〔クエン〕　　　　　　　　　　　　下斗米
kuwe（he）
クウエ（へ）

動物を獲るための仕掛弓（特に熊などを獲る仕掛弓）

　辞書には表記の訳があります。kuには飲むの意と弓の意があります。仕掛けは「アマッポ」とも言われます。

取合岸について

取合岸 ^{トリアイキシ}
（右側）下斗米

tori・ay・kisma

トリ・アイ・キシマ

滞在（して）・矢（で）・（獲物を）捕らえる所

　地図で見ますと、金田一川と十文字川の中ほどの、小高い山地の地名です。この近くの山で高鳥谷山（371m）は高いほう。この山で鹿や、野兎などを弓で打った所でしょうか。

盆野について

盆野 ^{ボンノ}
（右側）下斗米

pon

ポン・野

小さい・野原

　岩手の地名百科には、盆花の咲いている野原と解しています。盆花はどこにも咲いています。

　アイヌ語の立場から、ポン（pon）は小さい、若い、小さくなるの意味で、反対はポロ（poro）です。札幌はサツ（sat）乾いている、ポロ（poro）広いまたは大きいで、札幌は乾いている大地の意味です。

鳥子長根について

鳥子長根 野々上

tpri・ko・

トリ・コ・

（山の狩小屋に）泊る・長根

　toriには逗留する、一晩泊まるなどの意味があり、獲をするために泊まるための山小屋（仮小屋）の長根を指したものと考えます。

団子森について

団子森（ダンコノモリ） 似鳥

tanne・

タンネ・森

長い・森

　団子の森の「子」は本来「ネ」と読ませていました。
　アイヌ語で、タンネ（tanne）は「長い」の意味になります。古語の文章ではネは子と書いています。明治に至り地名を届け出るとき、ダンコと振り仮名をしたと考

えられます。

日通内について

日通内 ^{ヒ ツウナイ}　　　　　　　　　　　　　　似鳥

pit・nay

ピッ・ナイ

泥土に小石が混じる・沢

　アイヌ語にも方言があって、沙流方言とか、日高方言とか、いろいろ地方によっても言い方に変訛があります。日通内も辞書によって記述に変化があり、大方はピッ（pit）だと思います。pis・picなどとも書かれますが、意味としては小石を言いますが、所によって大小岩石の総称と書いている辞書もあります。この場所の形相は解りませんが、泥土に小塊石が混じり合った所に名付けられたものと考えられます。内は沢の意になります。

莇久保について

莇久保 ^{アサミ ク ホ}　　　　　　　　　　　　　　似鳥

asam

アサム

…底（のような）・窪地

　アサム（asam）は底で、知里博士は湾、入江、洞窟などの奥と書いています。例えば樽の底のような窪地の

124

地名でしょう。植物のアザミの生えている久保地ではないと思います。

嘔ノ坂について

嘔ノ坂　　　　　　　　　　　　　　　　似鳥
（オウ）

o・us

オ・ウㇱ

（山の）麓・ある（坂）

　山の端、出崎の端が川または野になっている所の坂を言ったものか、私にはそのように読めます。

似鳥について

似鳥　　　　　　　　　　　　　　　　似鳥

nitat・tor

ニタッ・トル

谷地・湿地・所

　アイヌ語でニタッ・トル（nitat・tor）やち・湿地の意味です。この地には、同級生が3人もお嫁さんに行っているとのこと、幸多いことを祈ります。

青海・青ノ窪・青海越戸について

青海　　　　　　　　　　　　　　　　福田
（アヲミ）

aw・ur－i・usi

アウ・ウル・ウシ

舌・(の) 丘・所

　二戸郡は内陸地なのに、青海とはどんな意味があるの
だろう。

　知里博士の本にアゥ（aw）は、

　①木や鹿の角の枝、川で言えば枝川　②舌　③内（家
の中）④隣　と書いています。

　地図を見ますと、福田村の青海は、舌状に川が曲流し
ている。似鳥村の青ノ窪は地図には記入されていませ
ん。

　恐らくは、外川や大簗平の側にあるものと思います。
川が蛇行して舌状になっています。

　鳥越村や金田一村には舌崎の地名があります。

　御山村の青海越戸は地図にはなく位置不明ですが、福
田村の青海を越えた所にあるものと考えました。

　下斗米村一近江平（アフミタヒ）

陀羅、横陀羅について

陀羅（ダラ）横陀羅　　　　　　　　　　　　　福田

yoko・tara・or

ヨコ・タラ・オロ

（獲物を）待ち伏せする・沢の中・低い所

　知里博士はyokoについて弓や槍を持って獲物の出て

くるのを待ち構えている、構えと訳しており、別の辞書には狙いをつける、構える、待ち伏せをする、狙う、などとあります。要するに獲物を待ち伏せする、ことの意です。

　taraについては、中川氏、萱野氏は背負い縄と訳し、田村氏は…を敷くと訳しました。

　知里氏はタオルケ（taor・ke）①川岸の高所②低所（ra・or）沢の中、低い所と訳しています。

　taには「そこ」または所の意味で、tara・orで、沢の中または低所と私は考えました。

月山ノ下について

クハツサン ノ シタ
月山ノ下 福田
不明

〃

〃

　月山は山形県中央部にある月山、湯殿山、羽黒山とともに出羽三山と呼ばれています。神社は羽黒町にあり、旧官幣社で古くから修験場である湯殿山神社と共に出羽三山神社とも言われます。

　月山はガッサンと振り仮名しており、福田村の月山はなぜクハツと振り仮名しているのだろうか。明治の先輩が勘違いしたのだろうか。そんな筈はない、クハツが本当で漢字の方が違っているのか。それなら桑津山とか鍬

津山とかになるべきだろう。月山の地名は岩手、秋田、青森の三県にはいくつもあります。

　アイヌ語で、kuwa・t　クワッがある。①杖　②墓標の意味です。

　ライ・クル・クワ（ray・kur・kuwa）は死んだ人の杖（すなわち墓標）の意味になります。

　私は生地にいたとき、墓参りやその他の事情で、いくども墓地に行きましたが、土葬の土マンジュウの頂上に、何故か鍬の柄を差し込んでいるのを見かけました。時には木で弓を作り縄のつるを付けて、木に吊るしたり、鎌をそえたりもしてあります。死者が魔物を追い払うためか、闘いのための鎌か、死後の旅の杖に若木の枝をそえた、それが墓標となり墓石に変化したのだろうか。世界にも死者を送る風習にはいろいろあって、風葬や鳥葬など焼いてガンジス川に流すことやらさまざまです。

　三内丸山遺跡では、縄文時代の子供を葬ったカメを見学して来たのですが「月山ノ下」の地名は「墓地のある山または丘の下」にも読めます。土マンジュウの上に石を置き、その横に杖となる木を差し込んだのでしょうか。私には自信がないので「不明」として記録することにしました。

　なお、単純に墓のアイヌ語は、ドシル（tusir）です。

アッラ沢について

アッラ沢　　　　　　　　　　福田
at・ra
アッ・ラ
オショウ楡・下にある・沢の所

　岩手地名百科事典には「アッラはあちらで向こう側」
とあります。
　私は鳥越の「アッ笠」と同じと考えています。
　オショウ楡の木の中皮の繊維で作った布は、厚子織、
厚司織と言われています。
　オショウの木のある、沢の意かも。

於曽久保について

於曽久保　　　　　　　　　　福田
osor・kot
オソ・コツ
尻・尻餅をついた跡のような窪地

　osorは「尻」、kotは「くぼみ」、osorkochiオソルコチ、
オショルコチという地名は、尻餅をついたような窪地に
付けられた地名です。
　私は「根反」にもこのアイヌ語をあてました。三方山
に囲まれた地形の窪地の地名です。

サッパ沢について

サッパ沢　　　　　　　　　　　漆沢・福田
sat・pa・nay
サッ・パ・ナイ
乾いている・上の・沢

　アイヌ語でサッ・パ・ナイ（sat・pa・nay）は、乾い
た・乾いている・沢の意になります。乾いたは、水が流
れていない・流れなくなった・沢を言ったのでしょう
か。

八羅子について

八羅子　　　　　　　　　　　漆沢・福田
hattar
ハッタル
渕

　アイヌ語でハッタラ・コ（hattar・ko）その意味は、
ハッタラ・ハッタルは「渕」です。コは虚辞で意味はな
く、渕のある所の地名でしょう。確かめていないので不
安もあります。
　アイヌ語のもつ意味と、現地の方々から聞いてみると
か、地形によって判断するしか方法はないのですが、そ
の意味では、私のこのレポートは不正確かもしれませ
ん。

遠岸について

遠岸　　　　　　　　　　　　　　　**浄法寺**
to
トー
沼・岸

　遠くの岸にしても何の岸でしょうか。アイヌ語でトー
（to）は沼、湖、潟などで、これは沼の岸辺に名付けら
れた地名に思います。

羽余内・田余内について

羽余内　田余内
pa・i・ot
パ・イ・オツ
上の（かみて）・それ・ずいぶん

　浄法寺村—羽余内　駒ヶ嶺村—田余内があります。
　羽はパ（pa）で、かみての意で、頭とも訳されるこ
とから上にもなる。
　タ（ta）は「今」「ここ」「これ」「この」などに訳さ
れます。
　イ（i）は「それ」オッ（ot）は、ずいぶん。
　山田秀三は、「ごちゃごちゃ」と訳しています。
　それについては米内のところで書きましたが、おそら
く蛇のことだと思います。

山居沢について

山居沢〔サンキヨサハ〕　　　　　　　　　　　　　浄法寺

san・i・nay

サン・イ・ナイ

（大水が）出る・所の・沢

　岩手県の字名を調べると「サンキヨ」と「サンイ」とがあります。sanは別の所にも書きましたが、…出る、…下るなどで、山から浜へ下るまたは出るで、大水、山津波、鉄砲水などでしょう。

　イ（i）はヒ（hi）とも言い、…する所、になり、大水が出る沢の地名と考えました。

安戸について

安戸〔アント〕　　　　　　　　　　　　　　　　　浄法寺

an・to

アン・ト

丘の・所

　アイヌ語でアン・ト（an − to）アンは丘で、トは沼の意ですが、トには、在るの意味もあり「沼の側の丘」か。また「丘の所」か。

毛無森について

毛無森〔ケナシモリ〕　　　　　　　　　　　　　　浄法寺

132

kenas－i
ケナシ
木の生えた・見晴らしの良い所

　毛が無いのですから禿山だろうか。「毛の上」とは土の上に生えているもので立ち木などですが、それが無いのですから禿山でしょう。いや、この山にはブナの林があります。

　アイヌ語でケナシ（kenas－i）は、①川端の木原②灌木の木原　③湿地・やち気のある野原　④木原・木の生えた景色の良い所　⑤百合や行者ニンニクの生えている多少やちの所、などの意があります。

祖父神について

祖父神　　　　　　　　　　　　　　　　安比
chacha・kamoy（kami・yasi）
チャチャ・カムイ（カミ・ヤシ）
古い・神様（化け物・魔物）

　もとは老爺の意で、地名ではオンネ（onne）「年老いた」で、古いの意味になり昔から住み親しんできた村のことです。神はアイヌ語でカムイ（kamuy）になります。カミヤシ（ノチモニンチトニ）は化け物、魔物の意で神とは恐ろしいものを言い、神様のことになります。

腰ケ沢について

腰ケ沢　　　　　　　　　　　　　　　　　　　安比
（コシ）
kus

クシ・ケ沢

通る・沢

　この地名も地図にはありません。腰はkusの変訛と思われます。この地名の沢を通って隣のコタンへ行ったのでしょうか。本当にそうなら「越ケ沢」ともなるべき所ではないでしょうか。

縊沢について

縊沢　　　　　　　　　　　　　　　　　　　　御山
（ククリサハ）
ku・kur・沢

ク・クリ・沢

弓・影・沢（弓で獲をする・沢の意か）

　korには、…を持つ、…しながら　の意味があり、弓を持つとは狩りをすることでしょう。私は二つの訳を考えましたが、地元の方の判断にゆだねたい。
　野々上村に、九流沢（ククリウサハ）があります。

尻平について

尻平　　　　　　　　　　　　　　　　　　　　御山
siri・pira

シリ・ピラ
山が崩れて地肌が現れている・崖

　アイヌ語でシリ・ピラ（siri・pira）は、山が崩れて・地肌が現れている・崖と解されます。尻平の「平」は、俗に悪戸平の平ではないと思います。

　なお、「平」の付く地名は岩手県に多い。私は岩手、秋田、青森の字名を字名大辞典で調べました。その結果は別に書きましたが「平」「台」「岱」の三つの文字を使っています。「岱」を使っているのは秋田で多く、また、地域に片寄っています。地名の語尾につく「平」は「たいら」ばかりを意味していませんで、台地を指してもいます。

　尻が語頭に付いている地名に、姉帯村に尻高、冬部村にも尻高があります。これはアイヌ語のsirで崖を意味すると思います。

飛鳥について

飛鳥　　　　　　　　　　　　　　　　　　　御山
wakka
ワッカ
水（清水の湧く所か）

　岩手県地名百科には「崩れやすい土地、芦の茂る土地」と書いています。あすかは、アイヌ語の「ワッカ」

の変訛と考えます。

　ワッカ・ヤチ（wakka・yachi）は、水・湿地で湧き水のある・湿地でしょう。飛鳥はワッカで水の意、清水の湧く所でしょう。

　御山村─飛鳥、飛鳥谷地

安比について

安比内　　　　　　　　　　　　　　　　　　御山
at・pi・nay
アッ・ピ・ナイ
たくさんの・小石又は石のある・川

　アイヌ語でアッ・ピ・ナイ（at・pi・nay）は、たくさんの・小石・川です。この地名については、馬渕川と同じくたくさんの文献に書かれ解説も多い。名付けられた地点は上流でしょうか。

　アイヌ語でもいろいろありますが、私はこれを選びました。

　御山村─安比内、安比内沢　　　安比村─安比平、上安比平

　安比内の内は沢の意で、さらに沢を付けており安比内沢は安比沢沢になります。瀬月内川と同じことです。

長流部について

長流部　　　　　　　　　　　　　　　　　　御山

O・sar・pet

オ・サル・ペッ

川尻に・葦在る・川または沢

　アイヌ語でオ・サル・ペッ（o・sar・pet）は、川尻に・葦ある・川または沢の意。

山内について

山内 <ruby>サンナイ</ruby>　　　　　　　　　　　　　　　大清水

sanke・nay

サンケ・ナイ

鉄砲水の出る・川または沢

　この地名は、縄文遺跡で名高い三内丸山と同じと思います。私も行ってきました。木造町の亀ケ岡文化や八戸の是川遺跡には、ただ感動するのみです。アイヌ語でサンケ・ナイ（sanke・nay）はサン・ナイとも言います。
　その意味は、サンは下る・下すの意味、ナイは川の意。俗に鉄砲水又は大水の出る・川になります。

保土坂・沢について

保土坂（沢） <ruby>ホトサカ</ruby>　　　　　　　　　　　　荒屋

poro・坂（沢）nay

ポロ・ナイ

大きい・広い・坂（沢）

　保土坂は地図で見ると坂（沢）があります。この地は東北自動車道から、八戸自動車道の分岐点になっています。

　アイヌ人達は、この地点をポロナイ（poro・nay）と名付けたろうか、ポロは大きいまたは広いで、川も沢もナイです。

　別に楢山村に保坂の地名があります。poは子の意味で、小さいとも訳されていて小平地のことでしょう。

打田内について

打田内　　　　　　　　　　　　　　　　　　　　荒屋
（ウチ　タ　ナイ）
ota・nay

オタ・ナイ

砂（ある）・沢または川

　北海道で宇田はオタと訳して砂とされています。打田もオタ（ota）で砂でしょうか。内は（nay）で、川または沢の意で、打田内は砂沢でしょうか、または川岸の砂場の所でしょうか。あるいはウッカ（utka）で、川の波立つ浅瀬でせせらぎの所か。

　本来は脇腹の意で、そのように波立つ浅瀬を指します。砂川か、せせらぎの所か、いずれにしてもアイヌ語地名でしょう。

目名市について

目名市 荒屋

mena・usi

メナ・ウシ

上流の細い枝川の・所

　メム（memu）は泉ですが、menaについては①上流の細い川　②水たまり。女鹿と同じアイヌ語地名に読めます。

戸沢について

戸沢<ruby>トサハ</ruby> 荒屋

to・nay

トー・ナイ

水たまりの・沢

　地図で見ますと、分水嶺である見梨峠の安比川側で、滝沢との合流点の集落の地名です。安比川本流に流れ込む小沢の上流地ですから、あるいは沼川の形相をしているのでしょうか、地図では目名市川となっています。

大坊について

大坊<ruby>ダイバウ</ruby>

ooho

オオホ

深い

　福岡村—大坊下　　御山村—大坊　　石切所村—大坊平
上斗米村—大坊

　この地名はダイバウと振り仮名がしてあります。

　私は自作の歌「あゝ九戸城」にダイボウと書きました
が、本当はオオホだったものと考えます。

　大崩崖も深いと訳しました。ooho も oho も同じことで
す。

樋口について

樋口　　　　　　　　　　　　　　　　　　　　　　駒ヶ嶺
tui・kut
イ・クツ
崩れる・崖

　この地名は一戸にもあります。一戸では「ひのくち」
と言います。樋口の地名は多く、岩手県だけでも 20 ヵ
所あります。また呼び方もヒノクチ・トイクチ・トヒノ
クチなどで、あるいは日本語とも考えましたが、一戸の
樋口を考えますと、ここを流れる川は谷川で、両岸は崩
れやすい花崗岩砂です。とても昔は樋で水をひくとは考
えにくいが、現在は水田の用水として利用されていま
す。

　札幌に豊平川があります。昔は樋平と呼んでいたと聞

きます。その意味は「崩れやすい崖」の意味です。

惣川原田について

惣川原田　　　　　　　　　　　　　　　　　　駒ケ嶺
so・川原田
ソー
滝のある・川原のところ

　この地名の川原田は日本語です。私も川原田の生まれ
です。
　アイヌ語でソー（so）は滝です。たぶん、滝のある・
川原ではないでしょうか。あとで教えて頂きたい。

下海上、海上前田、海上について

海上　　　　　　　　　　　　　　　　　　　　駒ケ嶺
ru・kay・siyor
ル・カイ・シヨロ
（道）・折れ（曲がる）・所

　二戸市に「下海上」駒ケ嶺―海上前田、海上がありま
す。御山村―海上田は山地に海上とはどうしたことで
しょうか。
　カイ（kay）は、折れる、折れ砕ける、おんぶする、
背負うとあります。何が折れるか、何を背負うのか、暫
く考えたが解りません。浄法寺町の地図で見ると海上は

水田地にあり、側に海上沢があります。この沢とて曲流しているように見えません。

　また沢なら曲流していても何の不思議もありません。背負うにしても、昔はおのが背でしか運搬手段はない訳ですから、残るは道だろうと考えました。

　二戸市の地図で下海上の位置をみて見ると、道が曲がりくねっているのが解ります。私はル・カイ・シヨロ（ru・kay・siyoro）道が折れ曲がっている・所の地名だと考えました。

五庵について

五庵　　　　　　　　　　　　　　　　　　**駒ケ嶺**
（コアン）

ko・an

コ・アン

（何か）・ある・いる

　この地名も地図に記入されていません。想像ですが山地や山奥の所でなく、川沿いの所と想像されます。

　アイヌ語にヌ・ウエ・コアン（nu・we・koan）は、たくさん捕る、たくさん収穫する、とあります。私はたくさん捕る場合は鮭と考え、たくさん収穫するのは栗またはクルミと考えます。

　栗は山地ですが、鮭やクルミなら川沿いの地と考えるから、川筋の所だと思います。

　ヌ（ウエ）コオカ（nu（we）kooka）も同意で、何か

が収穫が多い、獲物に恵まれた所の地名と考えられます。

なお、コ（ko）には語頭について語調を整えるだけで、あまり意味はありません。

目暗筋について

目暗筋　<ruby>目暗筋<rt>メ クラ スチ</rt></ruby>　　　　　　　　　　　　駒ケ嶺

me・kur・sut

メ・クル・スッ

寒い（とき）（火に）あたる・ねもと

冬に狩に出かけ、風が強くなり、あるいは吹雪になり、山の根元の風当たりの少ない所で火を燃やして当たる。私にはそのように読めます。果たしてそうだろうか地元の方から伺ってみたいものです。

沖ノ平・沖田表について

沖ノ平・沖田表　　　　　　　　　　　　　　　田山

o・kim・un・pe

オ・キム・ウン・ペ

尻・山の方・付いている・もの

知里博士は（o・kim・un）オ（尻が）キム（山の方）ウン（に付いている）と書き、山から来るもの（洪水、山津波）としています。

　洪水の出口が（尻）山の方に付いている、と訳したのです。

　この地名は、大雨でたびたび鉄砲水となり、水が流れ出る地点に付けられた地名だと思います。地図に記載されていないので判りませんが確かめてください。

　平の付いている所は、洪水の推積によるか、山津波によって広がりのある所になった所の地名だと考えられます。なお、ウンペは省略されたものでしょう。

苗代沢について

苗代沢（ナ シロサハ）　　　　　　　　田山・上斗米
nay・sir
ナイ・シル
沢・山又は崖

　苗代の地名は多い。苗代に沢が付くのは何故だろうか。最近の苗代は温室といいますかビニールハウスで水や温度管理されて育てられています。苗代には清水が必要だとしても沢水は冷たく不適当のはず。

　苗代の苗はnayで沢の意味で、代はシル（sir）で一般的には山の意ですが、山のなかでも大きいか、けわしい山のこととなることが多い、後に付く沢はのちに付けられたものだと考えます。

石名坂について

石名（坂）　　　　　　　　　　　　　　　　田山
isina

イシナ

ものを・しばる

　この解は辞書によるもので、山の小段丘の所でしょう
か。山で採ったものをこの地に集めてしばるような小平
地で、それを背負って坂を下ってわが家へ帰る、そんな
地形の所でしょうか。ちょっと自信はないが一応書いて
みました。

　田山村—石名坂、石名坂下

　また別に、isi－鳥の羽を、na－切る、の意味もあり
ます。

作平について

作平（サクタヒラ）　　　　　　　　　　　　田山
sak・pira

サク・ピラ

夏（に行く）・崖（土がくずれて肌のあらわれている崖）

　作平は安代町役場から送って頂いた地図にはありませ
ん。

　アイヌ語でサク（sak）は夏で、対して冬はマタ
（mata）と言います。もちろん、サクにはいろいろに使

われ、…を欠くと訳されてもいます。次に平ですが、平地の意味で使われたものでしょうか。

　サクは耕地、平は平地、つまり畑の意味ではない地名だと思います。私には作平の位置が解りませんので、確かなことは書けませんが、夏に行く山に名付けられたものと考えます。

　安代の地図を見ると、西ノ又沢、東又沢があります。この又はマタ（mata）で冬の意味だと思います。同じ田山村に平又、又戸川原、大又沢、小又沢、小股沢、大又沢口がありますが、これも冬の崖地の地名でしょう。マタギとはマタ（冬）ギ（獲）の意味になります。

花舘について

花舘　　　　　　　　　　　　　　　　田山
pana
パナ

下（の方の）舘

　花が咲いている舘の意味でなく、何々の下の舘（やかた）の意味でしょう。

　また、パナではなくパラ（para）だと「広い」の意味です。どちらかは現地を見ないと何とも申し上げられません。田山村（安代町）に長者前の地名があり「ダンブリ長者」の民話は有名です。

　浄法寺村―長者花

和屋敷道ノ上・道ノ下について

和屋敷　　　　　　　　　　　　　　　　　田山

wa

ワ

水が湧いている・屋敷

　鳥越村の和山にも書きました。清水が湧く小平地に名
付けられた地名と思います。

兄川について

兄川・兄畑　　　　　　　　　　　　　　　田山

ane

アネ

細い（川・畑）

　この地名について私が悩んでいますと永島先生は「ア
ネ」ですよ、と言われました。岩手の地名には、埴土を
流れる川・埴土の畑と書いています。埴輪を造る上、つ
まり粘土または赤土の意味でしょう。もしも、アイヌ語
の「アネ」ですと「細い」になります。

　アイヌ語の辞典（5冊）から探しても、納得出来る単
語はありません。

　アニは持つ、携える、抱く、行く、走る、捕らえる、
投げるなどです。地図で見ますと、八幡平の八幡沼から
流れる川で、兄畑駅の近くで、米代川に合流する沢川で

すが、細川と言えるでしょうか。兄畑山は米代川を挟んだ反対側にあります。

　安代町役場に電話を入れて聞いてみますと、米代川と安比川を分けているのは貝梨峠だと言うが、地図には見当たりません。川といい、山にしてもこの付近は急斜面の地形だと思います。

　今を去る1200年余前に、大和朝の軍勢はこの山を越え、祖霊の地、我が爾薩体に侵入したのです。ここで、坂上田村麻呂が果たせなかった、陸奥平定（占領）が始まりました。また、文化と称する仏教も、この峠を越えてきたのです。

　さらに、アイヌの時代にも、日本海文化と太平洋文化の交流がこの地を通って行われていたのです。まさに歴史を見ている道です。

　アイヌ語でアニは、持つ、背負うの意味もあり、馬も通れない山だったことから、付けられた地名だったのでしょうか。

折壁について

折壁　　　　　　　　　　　　　　　　　　　　田山
horoka・pet
ホロカ・ペツ
後戻りする・川

　この地名は、閉伊郡に4ヵ所、稗貫郡に3ヵ所、磐井

郡に2ヵ所あります。アイヌ語でホロカ・ペツ（horo・ka・pet）は、意味としてはホルカ・ペツとも言い、後戻りする・川・上流に戻るように・流れている、地点の地名です。

裊部について

裊部 　　　　　　　　　　　　　　　　　　田山
por・pet
ポロ・ペツ
大きい・沢または川

　アイヌ語について二つの、似たような言葉があります。
　①ポロ・ベツ（por・pet）「大きい・沢または川」
　②ホロカ・ペツ（horka・pet）「後戻りする・川」（川上に流れを変える・川）川が蛇行するなかで、川上に流れを変えているような、地点の地名でしょう。
　私はこの地点を調べていないので、判断はできませんが、①だろうと、考えております。なお、折壁にも書きました。

戸鎖について

戸鎖 　　　　　　　　　　　　　　　　　　田山
to・kisar（tok・kisar）
ト・キサル（トク・キサル）

沼・耳

　この地名について、永島先生に「良く解らない」とお話したところ地図を添えて解説を送って下さいました。それは青森県の六ヶ所村の地図で、鷹架沼の沼上に赤く印を付けてある所に、戸鎖がありました。しかし、安代町の「戸鎖」は、六ヶ所村とは違います。

　知里博士の辞典にはト・キサル（to・kisar・a）解説として「原義　沼・耳、沼の奥が耳のように陸地に入りこんでいる部分」と書いています。

　安代町の「戸鎖」の地図には「沼」はありません。岩手県には、九戸郡に「中戸鎖」「下戸鎖」「戸鎖沢」「上戸鎖」宮古市に「田鎖」があります。しかし、いずれも沼とは関連はないものと思われます。

　安代町の戸鎖は、兄畑山や天狗森の山根に、米代川を押し出すように張り出した台地を、国道282号線と東北自動車道が、挟むように走っています。安代町役場から頂いた2万分図を見ていると、アイヌ人達は急斜面に突き出たこの地を耳に感じたのでしょうか。

　また「to・kisar」ではなく「tok・kisar」だと思います。その意味はト・キサル（to・kisar）沼・耳、トク・キサル（tok・kisar）凸起した・耳、トク（tok）には、凸起・凸出との意味があります。安代町の「戸鎖」を含め、岩手の「戸鎖」、谷または川に突き出た耳のような台地に付けられた地名でしょう。

左比内について

左比内 田山

sap・nay　sat・p・nay

サピ・ナイ　サッ・ピ・ナイ

乾いている・沢乾いている・小石・川

　この地名は同類と言いますか、同意と言いますかこの地名はたくさんあります。

　小比内、佐比内、佐羽内、沢内、札比内、札前、薩都内は、乾いている川または沢と解され、ピの音があることから「乾く・小石・川または沢」とも訳されてもいます。

　また、於札内、長内、尾札部、意薩、小里、小山内のように「オ」の音があるのはオサツ（o・sat・nay）川尻・乾く・川または沢と訳され、上流では水があって、川下で水が流れていない川（伏流）を指したものです。

　春の季節、雪解けのときや、雨降りのあとは水が流れていますが、やがて水がない涸れ川、または涸れて小石ばかりの川となる川をサッピナイ、サヒナイと名付けた地名です。

藍野・相山について

藍野・相山 田山・月舘

hay・

ハイ

蕁麻（イラクサ）・日本語

　藍野・相野について、金田一博士は「北奥地考」のなかで、相内―藍内は蕁麻沢と書いて（アイナイ）と振り仮名をしています。つまり「いらくさ」の生えている沢または野原の意味になります。

「大辞泉」を開いてみますと「いらくさ」（刺草・蕁麻）イラクサ科の多年草。関東以西の山地に自生。茎と葉に毒液を含み刺があり、触れると痛い。若芽は食用。とあります。

　また「刺し草織り」と言い、イラクサの茎の繊維から紡いだ糸で織った織物とも書いてあります。はてさて、関東以西とはどうしたことか。そこで「知里真志保著作集」別巻（1）植物編を開いてみると、アイヌの人達は、木や草は植物として見ない、と書いてあり、アイヌ人は自分達の必要な部分の名を付けています。

　例えばリンゴの木についても、木は木でしかなく、リンゴの実は実で、木と果実を分けて考えています。

　イラクサとは広い意味で、植物繊維の意味でしょう。その繊維をとる草もいくつかあって、ムカゴイラクサ（エゾイラクサ）、チカプハイ（鳥のイラクサ）、モシ・キナ（mosi蕁麻　kina草）、アオミズ、オォバイラクサなどがあります。

　また、ハイ（クチン）は繊維の意味ですが、蕁麻との意にもなります。また、モセ（mose）は枯茎の意味で

すが、蕁麻になります。

　田村すず子著アイヌ語辞典には、アイ（ay）①矢②木や草の刺と書いてあります。

　知里博士も①イピシシプ（ipisisip）我々を・痛がゆくする・もの②イリリプ（iririp）我らを・ちくちく切る・もの。と書いています。つまり「いらくさ」は刺のある、繊維をとる草でしょう。また、アイもハイもモセも蕁麻を意味する言葉でした。

　話はそれますが、私は学生のころ、戦争中のことですが、アカソをよく採らされたものです。その「アカソ」の草の繊維で造った服が配給にもなったものでした。このアカソもやはりイラクサ科の植物です。

　田山村―藍野道下、藍野道上、相沢　月舘村―相ノ山

蛇石について

ヘビイシ
蛇石　　　　　　　　　　　　　　　　　　田山
he・pita・us
ヘ・ピタ・ウシ
頭・ほどく・所（はね木を仕掛ける所）

　ヘピタニ（hepitani）のheは頭、pitaは「ほどく」、niは木の意味で俗にいう「はねぎ」を言ったもので、野兎などの小動物を獲る仕掛けを言った地名だと思います。石はusで、何々が「ついている」「生えている」などで、ところとも訳されます。

　なお、仕掛けを作る木はアカダモが一番良く、曲げても折れにくい。

日泥道下、日泥道下について

日泥（ヒ ドロ）　　　　　　　　　　　　　　田山

si・to・or

シ・ト・オロ

子供（小さい）・沼・所

　シ（si）は子供の意で、小さいとの意味。ト（to）は沼、オロ（or）は所の意味になり、小さい沼の所の（道の上または道の下）と私は訳しました。石切所村に「親子登」の地名があります。石切所に沼か池があったかどうかは解りませんが、親子は大小を言ったものでしょう。

　沢でも二つ並んでいると、大きい方を大沢と言い、小さい方を小沢と言いますが、一方、親沢と子沢とも言いました。

大面平について

大面 平（タイメンタヒラ）　　　　　　　　　田山

tay・mem

タイ・メ

林（の中の）泉池・

　安代町も地図に記入されていません。

　tayは林または森の意、memは泉池・泉沼・清水が湧いて出来ている池または沼、湧きつぼ、古い小川などです。

　私は敬友柴田末吉君の自動車で、田代平を一度通ったことがあります。とても気持ちの良い広がりのある所でした。この田代平もアイヌ語で、田はtayで林、代はsir山でしょう。

　つまり林の山の平地の意味になります。tay・sir・o・ikaと書いて「林の山越しの路」になります。tayは林、ikaはまたぐ（越える）または近道になります。田山も田代も同じと思います。

姥子石について

姥子石 <small>ウバ コ イシ</small>　　　　　　　　　　　　　　　　　　田山

upas・ko・us

ウパシ・コ・ウシ

雪・少ない・所

　ウパシ（upas）は雪ですが「コ」については接尾して意味はない場合もあります。ウパシコ（upas・ko）とついた場合のkoは「少なくない」になって、冬季には雪の吹き溜まる所でしょうか。

足深について

足深^{アシフカ}　　　　　　　　　　　　　　　　田山

asi・hur・ka

アシ・フル・カ

風雨雪が（強い）・高台または丘（の）上

　この地名も地図にはありません。

　アシ（asi）にはいろいろな意味があり、（雨、雪）が降る、（風が）吹く立ち止まる、立ち上がる、閉じる、閉めるなどです。

　フルーカ（hur・ka）は、高台または丘（の）上の意味があり、田山（安代町）は東北自動車道が通り八戸線が別れ、また合流する地点でもあります。

　私はラジオやテレビで交通情報を聴いていて、しばしば交通止めになるこの地点は、かなり風雨雪の強い地点だと思います。

　足深はどんな所か地図にも記入がないので想像も出来ませんが、恐らくはそんな所の地名だと思います。

殿坂下について

殿坂下^{トノ}　　　　　　　　　　　　　　　　田山

tono

トノ・坂下

殿様・のお住まいになる坂の下

殿坂下はアイヌ語とは言えない。そのまま日本語でしょう。辞書で見るとtonoは「和人の位の高い人」とあります。その方の住まいの坂の下の意味でしょうか。

勝善川原について

勝 善川原 (シャウゼン)　　　　　　　　田山
so・sen・kaki

ソ・セン・カキ

滝・木綿の布・川原

　柴田吉雄君の車で安代町に不動の滝を見に行ったことがあります。そういえば、東山重雄先輩の「二戸小唄」に、「紅葉照る照る不動の滝よ」と歌詞にも組み込まれています。
　勝善川原は不動の滝であるかどうかは解りません。恐らくは、滝が木綿の布を垂れたように流れ下る（落ちる）さまの川原に付けられた地名と思われます。

比路平について

比路平 (ヒ ロ タヒ)　　　　　　　　　　田山
sir・pira

シル・ピラ

山（の）・崖地または崩れ崖

　この地名も地図には記入されていません。

　比路とはシル（sir）地、大地で山を意味し、平は平
地ではないと考えられます。何故なら山の平地の所なら
それだけで地名になるでしょうか。平はピラの意で崖地
のことと思います。

大多利沢口について

大多利沢口　　　　　　　　　　　　　　　　　　　田山
oho・tara・tarak
オホ・タラ―タラケ・沢口
深い（崖）・崩れで（凹凸している）・沢の口

　これも地図にありません。ただし大多利沢はありま
す。
　これは深い崖が崩れて、大石がごろごろある沢の出口
の地点に名付けられた地名と思われます。

古屋敷について

古屋敷　　　　　　　　　　　　　　　　　　　　　浅沢
hure
フレ
赤い・屋敷

　岩手県には、古舘、古屋敷の地名や人名も多くありま
す。私はアイヌ語を学ぶ立場から、古はフレに見えて仕
方がありません。

　アイヌ語のフレ（hure）は赤くある、（ナル）は山や
崖について言えば、土が崩れて赤い地肌が露われている
もの、川や沼について言えば、古川などで水が停滞し、
やち気で底が赤くなっているようなものを言います。

岩木について

岩木　　　　　　　　　　　　　　　　　　平糠・浅沢
iwa・ki
イワ・キ
（霊力を感じられる場所としての）山

　浅沢村—岩木向、下岩木、上岩木　平糠村—岩木
　辞書には「霊力を感じられる場所としての山」とあり
ます。
　青森県の岩木山は霊山と言われています。

白岩・白沢口について

白岩・白沢口　　　　　　　　　　　　　浅沢　田山
sir
シリまたはシㇽ
崖（急斜面）の山

　白い岩、白い沢とは考えにくい。
　シリ（sir）は地、山、島の意で、シラとも発音して、
動詞や助詞としてはいろいろの解訳がありますが、地

名としては、崖または急斜面を言います。恐らくはそう
した所に名付けられた地名だと思います。

　岩（イワ）も山の意味です。

　アイヌ語で白いはレタル（retr）

　根反村―白谷　浅沢村―白岩　福田村―白山ノ下

　釜沢村―白山　田山村―白沢口

瀬月内川について

瀬月内
set・chir・nay
セッ・チリ・ナィ
巣・多い・川（特に鷹の巣）

　瀬月内川は、馬淵川とは兄弟川ともいえる川です。な
ぜなら同じ平庭岳に源流をもち、同じ八戸で海にそそぐ
ことからです。また、馬淵川の上流部に馬淵の地名があ
るのと同じに、瀬月内の地名も上流部にあります。

　また、近くに「鷹ノ巣」「悪津」「瀬月内ダム」があり
ます。北海道には釧路湿原に流れ込む川の支流に「雪裡
川」があります。

　アイヌ語で永田地名解には、セッ・チリ・ウシ
（set・chir・ush－i）巣・多き・所、また蒼鷹・多い・
所とも書いています。

　私はセツ・チリ・ナイ（set・chir・nay）鷹の巣が・
多い・川だと思います。セツは巣の意で、特に鷹、チリ

は鳥、ナイは沢または川だと考えています。

瀬月内の内は、アイヌ語で言う「ナイ」ですから川の意味で、それに川を付けると川が重なることになり「川川」になります。北海道の洞爺湖もアイヌ語で「ト」は湖の意味で、ヤは岸で「湖岸湖」になります。

ナニァトヤラ

敗戦からやっと日本人が自分を取り戻しはじめた、昭和24年から25年にかけて岩手日報紙上に、確か「歌の風土記」と題して、岩手県の地歌と言うか民謡が掲載された。私はそれをノートにメモしておいたものを転写してみます。

もちろんこれについては、一戸町誌にも記載され、また故郷の先輩でもある柴田亦雄先生が、振り付けや、詞、とりわけ音楽の立場から研究されていて、その成果とも言うべきレポートを贈って頂きました。

この「ナニャトヤラ」については、多くの方々の研究発表がなされています。私には「love」恋の歌のように思えてなりません。

亦雄先生は「夜這」について触れていますが、私にはそんな風習があったかどうかはわかりません。ただ、盆踊りは若者の見合いの場と言いますか、出会いの場であり「恋」の場であったことは間違いないと思います。

神学博士　川守田　英二　説

ナギャドヤラヨー

　　（主権者をしてエホバの神をたたえしめよ）

ナギャドナサレアエノサート

　　（主権者は毛人アエノ族を掃とうせり）

ナーギャョエドヤーラャヨー

　　（一天満乗の主導権をしてエホバの神をたたえしめ
　　よ）

　　　　　　　　　　　中里義美氏　説

ナナニャドーヤラーヨー

　　（何でもやりましょう）

ナナニヤドナーレー

　　（そうすれば、なんでもできる）

ナナニヤドラーエーヨー

　　（何でも大いにやろう）

　この説に文学博士金田一京助氏は賛意を表し、方言の
転化としている。

　以上は、岩手日報に載ったものです。歌詞について
は、いろいろとご意見もあろうかと思いますが、私の
ノートの写しではこうなっています。

　さて、私もアイヌ語辞典の中から単語を拾い出して、
一つの試みとしたいと思います。

ナナ	(nana)	またまた・もっともっと
ト	(to)	あれ・を
ヤラ	(yara)	させろ・させる
ヨ	(yo)	はやし言葉

ナニ	(nani)	すぐに―まもなく
ア	(a)	する
ト	(to)	あれ
ナサ	(nasa)	もっと
レ	(re)	させる・立っている
ノ	(no)	のように

ナニア	(nania)	すぐに・まもなく・する
ト	(to)	あれを
ヤラ	(yara)	させろ
ヨ	(yo)	はやし言葉

ナニ	(nani)	すぐに
ア	(a)	私の
ト	(to)	あれ
ナサ	(nasa)	もっと・前の方
レ	(re)	立っている
ノ	(no)	のように

　以上、単語を拾ってみました。組み合わせはお任せするとして、紛れもなく、恋の唄であり、艶歌だと思いま

す。

　なお、アイヌ語には、清音と濁音の区別はありません。また、この唄は連歌形式になっていますが、辞典によると、わが国韻文学の一形態として、古くは歌一首の上、下二句を二人で詠んだことから起こり、これを「短連歌」といった、とあります。

　いずれにしても「掛け合い歌」で、男女の掛け合いの中で「夜明けカラスの啼くまで」踊っていたのでしょう。

　若いときは二度ない。盆の十六日今夜ばかり。

　私も、もう一度その頃に帰り、一緒に踊ってみたいものです。

洞についての考察　　（福岡村）大洞

「岩手管轄地誌」から拾いますと、岩手県に洞の付く地名は98ヵ所あります。拾い落としや、字名に記録されていないものを含めると100ヵ所を超えるものと思います。因に、秋田県は7ヵ所、青森県は5ヵ所です。これは何を意味するのでしょうか。石器時代、縄文前期の先住民族は、よく洞穴などを生活の場所としたと言いますが、それなら岩手県だけが特に多いのには、なにか意味があるのでしょうか。私は南部藩一族は朝鮮系だと考えていますが、それについては別に述べたいと思います。

　一戸町誌にこの地方には朝鮮語系の言語が多くある、とありますが、それはこの地方に限ったことではなく日

本語全体についても言えることなのです。

洞も、朝鮮語では行政区画の最小の単位だと書いてある本もありますが、南部藩の居城は青森県三戸町や八戸市です。青森県に洞地名が少ないことから、その関連性は薄いと思われます。

アイヌ語の中から似たような単語を探すと、ホラク（horaku）があります。その意味は、崩れ落ちる、倒れる、の意があります。

また、ポロ（poro）は「大きい」「広い」の意味です。例として

　　ポロ（poro）は　大きい、広い

　　ポン（pon）は　小さい、せまい

洞の付く地名で最も多いのは「大洞」が20ヵ所、「長洞」が15ヵ所あります。ポロがホラに転訛したとも考えましたが、郡別で最も多いのは閉伊郡ですから、大きい広いの意味は当たらない、と考えます。

閉伊に洞地名の多いのはなぜか、岩泉の龍泉洞や、安家洞がありますが、岩手県は洞穴だらけではありません。考え直して、方言を調べてみなければと思い付きましたが、岩手方言の辞書が手元にありません。

そこで洞についていろいろ探してみて、その結果を書いておきます。方言辞書には、洞について次のようにあります。

　①山間の地、谷間　②谷間の行き止まり　③山の崩れ地　④窪んだ土地、窪地

［二戸郡の回顧］（東山ノート）について

二戸郡の回顧について

　私は帰省すると盛岡の古本屋をたずねます。この「二戸郡の回顧」はその折に買い求めた小冊子ですが、筆者の名もなく筆で書いた一種のメモ的なものです。書かれているのは小学校のノートです。文中に東山と書かれている部分もあり「東山ノート」と名付けます。

【二戸郡の回顧】

Ⅰ　本県の蝦夷と大和民族との接触について

　1.　東夷征伐の回顧

景行天皇の御宇	日本武尊
仁徳天皇の御宇	上毛野田道
舒明天皇の御宇	上毛野形名
斉明天皇の御宇	阿部比羅夫

等を総合して皇威は主として裏日本を走って遠く北海道に及べるに表日本は宮城平野に止まりし如し。

　　<u>田道将軍墳墓并祠廟考</u>
　　「元正帝而上数百年有事於蝦夷者皆越後蝦夷也。同帝霊亀元年而下有事者陸奥蝦夷也」
　　出羽の蝦夷は越後蝦夷の系統に属す。出羽の有事は元慶二年にも見ゆるが故に此の説必ずしも確論ではないが一考に値す。

168

2. 菅野義之助氏講演

　　元明天皇の和銅二年、阿武隈川口より宮城縣岩手
　縣に入る。蓋し王化本縣に及ぶの始也。

　考　證

　　続日本書紀　和銅二年の記事

　　　「陸奥蝦夷二国蝦夷野心難馴屢害良民於是
　　　…………巨勢朝臣麻呂為陸奥鎮東将軍云々
　　　……。」「秋七月……以……上毛野朝臣安麻呂為
　　　陸奥守令諸国運送兵器於出羽柵為征蝦夷世
　　　云々」

　　続日本書紀　霊亀元年

　　　「蝦夷須賀君古麻比留等、祖先以来貢献昆布、
　　　常採此地年時闕今国府廓下相去道遠往還累句甚
　　　多辛苦云々……」

　　　之に徴すれば蝦夷即ち閇の蝦夷の祖先が和銅二
　　年以前より昆布の貢献を闕かさなかったことが
　　肯かれる。故に其接触は少なくとも千五百年も
　　前からあったのではなかろうか。

私の考察

1. 日本武尊の蝦夷征伐の記述は書紀編者の創作であること。日本武尊命は実在しない。武尊とは武将を意味し史書には複数の記述がある。

2. 斉明天皇御世、阿倍比羅夫をあげていますが、西暦658年の「阿倍比羅夫　船師200艘を率いて粛慎を討

つ」を指したものと思います。

岩波日本古典文学大系「日本書紀」によると、「阿倍臣を遣はして船師二百艘を率いて粛慎国を伐たしむ」

「阿倍臣、陸奥の蝦夷を以って己が船に乗せて大河の側に至る」　ここでいう大河とは黒龍江（アムール川）を指すものと考えられる。

A. 阿倍比羅夫（阿倍臣）はアイヌ人（そうでなければアイヌ人千人を動員できない）

B. 粛慎を攻撃した、又はする理由は不明である。

C. 旧唐書の北狄伝及び靺鞨伝では「靺鞨・蓋し粛慎の地」とある。靺鞨とは黒龍江（アムール川）流域及び旧満州（現中国東北部）及び朝鮮を含む広大な地域をいう。

D. アイヌ人の祖先はアムール川流域から樺太に渡り、千島、北海道―東北―日本全土へと南下した民族である。言語においても、北海道アイヌ語にも砂流方言、日高方言等あるように、樺太方言、千島方言がある。アムール方言があるのは自然であり、靺鞨語（満州語及びロシア領東部バイカル湖以東の言語）は兄弟語であり、アイヌ語の祖語と考える。

E. 前記の理由から、小舟200艘を揃えて攻撃したところで歯の立つ相手ではなく、その理由もない。故に作文であると私は考える。

3. 下閉伊海岸の昆布を辛苦甚多いと書く程、昆布が必
要だったろうか。日本海沿いに舟の往来があったの
だから、北海道の良質の昆布は手に入ったと思われ
る。

II　香阿村に就いて

　　続日本紀　霊亀元年

　　　「陸奥蝦夷第三等邑良志別君宇蘇祢奈等言親族死
　　　亡子孫数人常恐被狄徒抄略宇請於香阿村造建郡家
　　　為編戸民永保安堵云々」

　　　「蝦夷須賀君古麻比留等ぼ祖先以来貢献昆布常採
　　　此地年時不闕今国府相去道遠

　　　往還累句甚多辛苦請於閇村便建郡家同於百姓共率
　　　親族永不闕貢云々」とあり而して「並許之」とさ
　　　れてあるに微すれば、香阿閇の二村此時既に郡家
　　　が建てられたことが知れる。

　　　閇村は今の閉伊郡なり。香阿村は今の何処に当る
　　　か。

　　考　證

　　　吉田鐵手氏談　「香阿の地名学者の今尚疑問とす
　　　　　　　　　　る處なり云々」

　　　大坊柳骨氏稿　岩手毎日新聞所蔵

　　　　「元正天皇養老七年　香阿村閇村に郡家を置か
　　　　れたるは本県に郡ある始也閇村は今の閉伊郡、

香阿村は二戸郡（金田一村）なり……云々」

　続日本紀には霊亀元年の條に二村に郡家の造建
が許された記事ありて養老七年には見えず、暫
く後考に俟つることとし、香阿村は二戸郡也と
いう出処を大坊氏に質したるに氏曰く、「上飯
坂直美氏に聞く。氏は永く金田一村に在り、同
村内に今尚香阿の地名存するありと聞けるを
以って全く疑ひなき処なり云々」果して此の地
名ありや如何。

<u>日本後紀　弘仁二年</u>

　文室綿麻呂等、奏発陸奥出羽両国兵二万六千人
　　征爾薩體幣伊二村」とあり、爾薩體と幣伊と
　二村併記されあり、而して同書に「干時……大
　伴宿祢今人謀発勇敢俘囚三百余人出賊不意侵雪
　襲伐殺戮爾薩體餘　六十余人功冠一時名傳不朽
　也」とあり。

<u>九戸戦史附録</u>には

　「伊加古に深怨ある出羽の邑良志閉村、吉祢候
　部の都留岐申に伊加古を撃たしめ進戦数月……
　賊の巣窟を衝き云々」とあり、伊加古は爾薩體
　の賊魁なり。

　右の邑良志閉村は香阿に郡家を建てんことを願
　ひ出でたる邑良志別と同一地たることが想像さ
　れる。香阿と爾薩體は縁故漸く深きを覚ゆる。
　而して

大日本史には

　「陸奥の夷族代を歴時を弥りて辺境を擾乱し百
　姓を殺略す　云々」

続日本紀には　宝亀五年

　「陸奥国言。海道蝦夷忽発徒衆焚橋塞道既絶往
　来云々」幣伊の賊なるべきか

類聚国史には

　「延暦十一年爾薩體村爾散南公阿波蘇官軍に降
　る」とある。これによりて爾薩體の蝦夷の反覆
　常なかりしと知るべし。

九戸戦史附録には

　宝亀五年よりここ（弘仁二年）に至るまで三十
　八年殆ど寧歳なく云々」

　以上を総合して考ふるに、数十年に渉って反覆常なく
官軍に抗したらしく、その討滅に當っては朝廷をして
「功一時に冠たり、名を不朽に伝えん」とまでいわしめ
し爾薩體の頑強もさることながら、此の征討も亦幣伊と
二村であるところから見て、香阿は爾薩體と離しがたい
関係が結ばれているように思はれる。思うに約百年（自
霊亀元年香阿郡家の年　至弘仁二年自爾薩體討滅の年）
の間に香阿が爾薩體と代りしやも図り難し。而して之れ
を事実とすれば香阿は今の金田一一村のみの狭範囲のも
ので無かったことは閈の今の閉伊郡の広範囲に徴しても
明らかである。

考究すべき地名等

　1.　邑良志別村……………………の宇蘇旅奈

　2.　邑良志別閉村　吉弥候部の都留岐申

　3.　爾薩體村…………………………の伊加古

　4.　爾薩體村……………爾散南の阿波蘇

Ⅲ　布教者の傳道について

　九戸戦史附録

　　桂清水観音　　　　聖武天皇　　神亀五年（728）

　　　　　　　　　　　　　　　　　　　　　　行基

　　西法寺毘沙門堂　平城天皇　　大同二年（807）

　　　　　　　　　　　　　　　　　　坂上田村麻呂

　　小繋長楽寺　　　平城天皇　　大同二年（807）

　　　　　　　　　　　　　　　　　　　　慈覚大師

　　鳥越観音　　　　平城天皇　　大同二年（807）

　　　　　　　　　　　　　　　　　　　　慈覚大師

　伝　説

　　田山地蔵寺　　　平城天皇　　大同二年（807）

　　　　　　　　　　　　　　　　　　　　安保某

　　堀野武内神社　　平城天皇

考　證

　九戸戦史附録

　　「大同二年には坂上田村麻呂が奥地に在らず。大
　　同二年に陸奥の鎮守府副将軍に任ぜられ陸奥権介

を兼ねる坂上大宿祢大野か。弘仁二年爾薩體幣伊の征討を命ぜられた文室綿麻呂、佐伯清峯、坂上鷹養等の一人が強賊平定の為に勧請したるには非ざるべし。又、慈覚大師は延暦十三年に生れ、大同二年は年僅かに十四才で、出家したのは十五才の時である云々」

兎に角、本郡は（1000）年頃には開拓の実が挙って来たことは、これ等の伝説に依って首肯せねばなるまい。

東北と歴史　喜田貞吉博士稿

「七百年前まで奥羽二国は全部アイヌであったことが想像される」

「文化三年に全部日本人に入籍した云々」

和田雄治氏談　海洋学博士

「東北人は殆ど大和民族とアイヌ種族との混血したるものである」

氏は骨相学の研究者で、よく先住民の古墳を発掘調査をした。立論はこれに基づいたもの。要するに、七百年前は殆どアイヌであったことは争われないが、全部という喜田博士の説は疑わしい。

私の考察

宗教の部分については私見を述べることは出来ない。而し東山ノートにある記述には同感です。円仁伝記でも明白です。二戸郡誌にしても、一戸町誌にしても配慮が欲し

かった。ついでですから、鳥越観音伝説の白蛇は土着信仰を指したものと考えられる。渡来宗教は何の問題もなく、すんなり地域住民に受け入れられたとは考えにくい。

　次に「700年前までは全部アイヌ人であった」とか「東北人は殆ど大和民族とアイヌ種族との混血したもの」との説については、全面的に賛成とは言い難い。幾度も、幾百年に亘って征夷の戦によって侵略、殺戮、放逐、奴隷にして移動させたあとに、明治期の北海道のように、政策として移民開拓が進められたことは確かなことと考えられる。又、幾度もの戦に敗れた者達の逃避の地となったことでしょう。その意味で住民は一色ではありません。

　二戸郡は、俗に言う伊加古の乱、前九年の役、後三年の役、平泉藤原氏、南部藩領となり明治を迎えるまでその治政の中にあったのですが、糠部五郡といわれる当地治政となる南部藩の成り立ちについては、歴史は曖昧であり疑問だと私は考えるのです。

　日本史においても、日本書紀や後紀は正確で正しいと考える史家はおられない。南部史としていくつもの疑問を含んでいます。そうした意味から、行政が発刊した史誌や一般の史書から問題点を挙げてみたい。

○一戸町誌（年表）

　　文治五年（1189）　源頼朝奥州藤原氏を滅ぼす

　　建久二年（1191）　南部光行糠部三戸へ下向

　　承久元年（1219）　南部光行糠部五郡を拝領

○二戸郡誌（年表）

176

　文治五年　（1189）　南部光行糠部五郡を賜る（祐清私記）

　建久二年　（1191）　南郎光行甲州南部荘より糠部に下る

　承久元年　（1219）　南部光行奥州八戸浦に着す（九戸戦史）

○岩手県史（年表）

　辛亥二年　（1191）　12月28日南部三郎光行甲州より郎
　　　　　　　　　　　従73人を率いて八戸浦に上陸する
　　　　　　　　　　　という。（南部氏系図）

　乙亥三年　（1215）　11月21日三戸南部の始祖南部三郎
　　　　　　　　　　　光行（69歳）鎌倉において率去。
　　　　　　　　　　　葬儀は甲州本領において行うとい
　　　　　　　　　　　う。家は次子実光嫡出の故をもっ
　　　　　　　　　　　てつぐという。（同家譜）

　承久元年　（1219）　南部彦次郎実光　鎌倉騒擾を避け
　　　　　　　　　　　一門と共に糠部へ下向、所領を兄
　　　　　　　　　　　弟に頒つ。兄彦太郎行朝は一戸、
　　　　　　　　　　　弟彦三郎実長は甲州の破切井に居
　　　　　　　　　　　残り、弟太郎三郎朝清を七戸に、
　　　　　　　　　　　弟四郎を四戸に、弟五郎行連を九
　　　　　　　　　　　戸に置く。
　　　　　　　　　　　一戸、八戸、七戸、四戸、九戸等
　　　　　　　　　　　の南部氏ここに発祥するという。
　　　　　　　　　　　（同家譜）

　以上は県、郡、町の公式行刊された史書の記述である
が、いずれも南部家側の史書を根本として書かれてい

て、責任は南部家側の史書にあるとも読めなくはない。

　河出書房新社刊の歴史書には藤原氏討伐後厨川まで足をのばした後鎌倉への帰途、胆沢城鎮守府において奥州羽州の諸将を集め「吉書始」の儀式を執り行ったのは1189・9・20日で、その場において論功行賞を下記の通り発表した。その中に南部光行の名はない。

頼朝による藤原氏討伐論功行賞表

○葛西三郎清重 （奥州総奉行）	下総国葛西御厨（東京都葛飾区）を本領とする関東御家人 　　　岩井・胆沢・江刺・気仙の四郡、 　　　黄海（藤沢町）・興田（大東町）の二保
○中条兼綱 　（地　頭）	武蔵国御家人（現東京都・埼玉県と神奈川県東部） 　　　稗貫・和賀の二郡
○足義吉兼 　（地　頭）	下野国（現栃木県）御家人 　　　斯波（志和）郡
○工藤行光 　（地　頭）	伊豆国御家人 　　　岩手郡
○阿曽沼広綱 　（地　頭）	下野国御家人 　　　遠野保（遠野市）
○二階堂 　（地　頭）	相模国（現神奈川県）御家人 　　　奥王保（千厩町）
○北条時頼 　（地　頭）	鎌倉御家人 　　　一戸から九戸・大河兼任乱後に津軽四郡 　　　（平賀・鼻和・田舎・山辺）外ヶ浜・西ヶ 　　　浜（北方最大の領地となる）
○佐々木氏 　（地　頭）	近江国（現滋賀県） 　　　久慈郡地頭に任命されたとみられる。

※　閉伊郡及び天皇家領の高鞍荘（花泉町）の地頭については全く不明である。

　泰衡による義経の殺害は同年4月30日で、義経の首が鎌倉に届けられたのは6月13日であった。しかし天皇家の意向に逆らって、関東武士を総動員しその数は28万とも言われている。その中に南部光行は含まれていたかは「吾妻鏡」等に記録はない。岩手県史829〜831頁に参戦武将名簿があります。その数144名の中に南部次郎光行の名もあります。（次郎とあるはミスプリントか？）しかし大将格ではない。また851頁に「南部三郎光行が、文治の役の功によって、36人の士と共に奥州に所領を給せられたとする説も、これまた『吾妻鏡』などの根本資料には見えていない」としています。

　岩手県の気仙郡は陸前に属し、二戸郡は陸奥で残りの諸郡は陸中で、陸奥は二戸郡を含む青森県全域をさします。鎌倉北条氏が地頭となって、陸北全域の広大な面積を所領したのです。奥中山峠から九戸郡を含む地域ですから、数多くの地頭代官が必要となるのです。主な代官として、工藤・横溝・浅野・大瀬・合田等の名があります。産品としては金・麻・絹・馬・鷲羽・漆・紙・アザラシの皮等があり、特に馬は現代の乗用車であり戦車でもあった訳で、馬牧やそこに働く牧士が必要なのです。現代でいう支店や出張所の中に、山梨南部は馬牧の先進地故に、恐らくは代官の中に経験を買われて参加したやも知れないと私は考えるのです。

　さて私は山梨南部町を訪問し、歴史研究者であり南部町誌の編集責任者でもある渡辺淳郎先生にお目にかかり

ました。今年1月に（2000年）改訂南部町誌を送って来
られましたので、その内容を引用してみることとしま
す。その町誌を読ませて戴いて、渡辺先生の正直な人柄
や、既存の南部史等に囚われない内容に感服していると
ころです。歴史とはどうあるべきかを教えられた思いで
す。

　改訂南部町誌395頁に、「明治44年刊行された『南部
史要』は建保三年（1215年）光行は65才で没、とあり、
『系図纂要』に載る『南部系図』では嘉禎二年（1236
年）に51才で死んだとしている。逆算すれば前者では
久安三年（1147）生れ、後者では文治二年（1186）生れ
ということになるが、兄長清は系図等により一般的に応
保二年（1162）生れとされるから兄より早く生れたこと
になって前者は矛盾し、後者では、奥州征伐に3才で参
加したことになり、これも成立し難い」と書いている。
然るに同誌には「武田有義・同信光・信濃三郎光行・加
賀美遠光・小笠原長清・同長綱等と加賀美一族が総力を
挙げて藤原討伐に参戦した様子を窺うことができる」と
している。岩手県史には南部次郎光行と書いているのは
何故か。本当は三郎光行である。この時点で南部には居
住せず、信濃姓は父遠光が信濃守だった故である。

　光行が山梨南部の地を領し、南部氏を称することに
なったことは間違いないが、『甲斐国志』はそれを南部
御牧のこととし、史料に忠実で、記載内容についての信

頼度の高い『甲斐国志』が、なぜ史料に登場しない南部
御牧の称を採用するのにこだわったのであろうか。その
根拠を明確に知ることはできないが、南部牧の存在を証
明するために生育馬を囲い込む馬城の相違という考え方
を持込み、飯野牧は飯野（大野）、波木井・相又付近に
成立した牧、南部牧はその南に位置した放牧地を異にす
る別個の牧とし、南部御牧の称は両者を含めた総称とし
ても用いられているとの解釈をしている。

　しかし、南部御牧はなかったにしても、光行が南部を
称したからには、彼の拠った「南部」の地があったはず
である。時代の下った系図等の史料では南部庄を拠点と
したとするものもあるが、南部に荘園があったことを明
記若しくは示唆する確実な史料も残されていない。

　牧や荘の存在は認められないが、南部が地名として最
も古く記録されるのはやはり日蓮書状で、文永十一年
（一二七四）五月十六日に「なんふ」（南部）に一泊したと記
すのが最も古い。

『寛政重修諸家譜』に載る「南部系図」が、石橋山の合
戦に頼朝に属して参戦し、その勲功により南部郷を与え
られたとするのは、甲斐源氏と頼朝の関係や加賀美一族
の動きを考えれば当然有り得ない訳で、挙兵当初は父の
意向に従い、一族とともに積極的に参戦してはいなかっ
たものと思われる。

　では、光行の南部郷支配が始まったのはいつか。石橋
山の合戦の恩賞説が成立しないことは前述したとおりで

ある。光行は『吾妻鏡』に九回登場するが、そのうち南部を称しているのは、文治五年七月九日の奥州征伐軍の他、建久六年の二度目の上洛時における三月十日東大寺参詣、四月十五日岩清水参詣、同二十日四天王寺参詣の際の随兵の四度である。同書の称号が実態を反映しているものとすれば、文治五年の時点では既に南部に拠っていたことになる。承安元年（1171）前後に河内が遠光の勢力下にあったとすれば、その子である光行が南部へ入る条件は何時でも用意されていたことになる。

　さて、光行については、奥州征伐の勲功として奥州糠部郡を拝領したとの伝承が奥羽地方には根強く残る。ところが、『吾妻鏡』文治五年（1189）九月二十日条に「奥州・羽州等の事、吉書始めの後、勇士等の勲功を糺し、各賞を行われ訖んぬ」とあり、この時奥州征伐の論功行賞があったことがわかるが、具体的には千葉常胤と畠山重忠の名が挙げられるのみで、他は「此の外の面々の賞、勝げて計うべからず」とする。光行の拝領したとされる糠部郡は、岩手県二戸郡・九戸郡・岩手郡葛巻町から青森県三戸・八戸・下北半島にかけての広大な地域に成立した郡だが、そのことには一切触れていない。

　また、鎌倉時代を通じての糠部郡の地頭は、寛元四年（1246）に北条時頼が同郡五戸の地頭代に三浦盛時を任命した文書（宇都宮文書）が残ることから、北条氏だったと考えられ、それは鎌倉初期にまで遡ると見られる。

　これらのことからして、光行の糠部郡拝領を示す確実

な史料はなく、他の状況を含めて考えると、ほとんどあり得ない伝承と言わざるを得ない。その陸奥下向時期についても、建久元年（『奥羽秘録』）・同二年（『南部根元記』）・同六年（『聞老遺事』）・承久元年（『奥南旧指録』）などの諸説があるがこれらの諸説や拝領の伝承は、室町時代以降の南部氏の同郡支配の実績を踏まえて、その正当化の根拠の一つとして後世に考え出されたものであろう。

　通説では、光行が奥州糠部郡を拝領したために、惣領家は本拠を奥州に移し、甲州の所領は実長が相続したと説明されるが、光行時代の奥州移住が否定され、鎌倉期の痕跡が同地で確認できない現在、南部氏惣領家の本貫地は甲州に求めざるを得ない。惣領家に従って下向したとされる福士氏も近世の南部藩士の中に見えるが、惣領家と同じ意味でこの時点での甲州離脱は考えにくい。そのような事情を考慮すると、この系図が実長の兄弟に同じ河内の地名を称する人物がいたことを記録していることは、鎌倉後期の南部氏の主たる本拠は甲斐河内地方にあり、一族が南部・福士・波木井等の各地に分拠していた時期があったことの反映と見ることができよう。

年表形式による南部草創について

大治5年（1130）
　　後に甲斐源氏となる源義清、清光父子は、常陸国で
　　事件を起こし甲斐に流罪となる。そのまま土着した。
保元元年（1156）
　　保元の乱
平治元年（1159）
　　平治の乱を制した平清盛は急速に権勢の座につく。
　　一方敗れた源頼朝は、伊豆に流罪となる。
仁安2年（1167）
　　平清盛は太政大臣になって「平家にあらざれば人に
　　あらず」と豪語したとまで言われる。
治承4年（1180）
　　平清盛の横暴に後白河法皇は、第二皇子以仁王を遣
　　わし、東海、東山、北陸の諸国の源氏に、平氏討伐
　　の命令を密かに下した。このことはすぐに平氏の知
　　るところとなり、京を離れて南部に向う王及び源頼
　　政を宇治で討つ。これが東国の源氏にもたらされて
　　源氏挙兵の引金となる。
　　8月伊豆目代、山本兼隆館夜襲が端初の挙兵とな
　　る。初戦に勝った頼朝は石橋山（小田原市）へ軍を
　　進めるが敗れて、安房国（千葉県）へ逃れる。甲斐
　　源氏は駿河目代軍に大勝するが、頼朝の敗戦を知り

甲斐に引き上げる。

その後甲斐源氏武田信義、一条忠頼は信濃国（伊那郡）へ、北条時政信濃（長野）にそれぞれ侵攻する等の蜂起戦が始まる。

さらに富士川の合戦となる。世に言う甲斐源氏の夜襲しようとして行動した動きに驚いた水鳥の羽音に、敵の攻撃と勘違いした平家軍は取るものも取らず、敗走した話は有名である。

故に源氏の大勝となる。これに激怒した平清盛は武田有義信義の京に残っていた妻子を惨殺し梟首するという残虐な報復措置に出る。

しかし甲斐は頼朝の支配政権のもとに吸収される。甲斐源氏は甲州盆地を勢力圏とする、甲州東部を拠点とする安田、西部を押さえる加賀美遠光（光行の父）に大別される形となる。

養和元年（1181）

南部二郎長清は頼朝の推挙により上総介広常の婿になる。

寿栄2年（1183）

加賀美一族は木曽義仲と一戦交える。義仲は7月上洛し征夷大将軍となるが、法皇、公家等の反目から朝廷から義仲追討を命ぜられた頼朝は、義仲を粟津で討つ。加賀美遠光も参陣する。

文治元年（1185）

3月24日壇浦の戦で平氏滅亡する。光行の長兄光朝

は帰国せず。加賀美遠光は頼朝により信濃守に任じ
られる。

文治5年（1189）

　　8月頼朝は奥州藤原氏を征討する。

建久元年（1190）

　　源頼朝上洛。光行も兄長清と共に随兵として参加し
　　たと思われる。

建久3年（1192）

　　7月12日頼朝（46才）征夷大将軍に補任される。
　　頼朝第二回目の上洛をする。光行も随兵として供を
　　する。

建久10年（1199）

　　頼朝正月11日不慮の事故で死去。頼朝の死によって加
　　賀美一族は表から退場となる。頼家二代将軍となる。

建仁3年（1204）

　　頼家も自らも伊豆の修善寺に幽閉されて死を迎え
　　る。小笠原長経も逮捕された。これは北条氏による
　　頼家追落しの一環と言われている。三代将軍に実朝
　　がなる。

建保3年（1215）

　　11月21日光行（69才）鎌倉において卒去する。
　　葬儀は甲州の本領において執り行われたという。

建保7年（1219）

　　鶴岡八幡宮参拝を済ませた三代将軍実朝は、退出途
　　中を公暁に襲われて死去する。四代として九条家の

三寅（2才、後の頼経）を迎える。

承久3年（1221）

　　鎌倉において一連の騒動を幕府の動揺とみて、後鳥
　　羽上皇は5月14日北条義時に追討の宣旨を発する。
　　承久の乱の勃発である。幕府は直ちに軍勢をととの
　　え大軍を上洛させる。南部（加賀美一族）も久し振
　　りに表に出る。「承久兵乱記」

嘉禎4年（1238）

　　四代将軍頼経入京する。随兵として南部二郎、同三
　　郎がある。

寛元2年（1244）

　　4月21日五代将軍に頼嗣がなる。

建長4年（1252）

　　4月1日六代将軍に宗尊親王へと替る。（2月21日北
　　条時頼将軍頼嗣を廃す）

弘長元年（1261）

　　北条時頼が病気で危篤状態にあった病床に弁法印審
　　範の随行者の一人に南部又次郎がある。死期を察知
　　した時頼が見舞客を拒否して看病に当った数名のみ
　　部屋に出入りを許された。南部又次郎は信頼を得て
　　いた証である。

文永3年（1266）

　　7月4日北条時宗将軍宗尊親王を廃して、同親王の
　　子惟康親王（3才）を将軍に補する。

弘安7年（1284）

北条時宗没す。

弘安8年（1285）

　　霜月騒動起こる。連座して南部孫二郎敗死する。11月17日執権北条貞時、安達泰盛宗景父子を誅し、金沢顕時を上総に流す。

元応2年（1320）

　　奥州地方において蝦夷蜂起する。

元亨2年（1322）

　　蝦夷の反抗が激しくなり合戦が繰り返された。

正中2年（1325）

　　幕府は蝦夷管領の責任者である代官を安藤季長から同宗季に替える。

嘉暦元年（1326）

　　3月には追討使として派遣した工藤右衛門尉貞祐が季長を捕える。

嘉暦2年（1327）

　　6月宇都宮五郎高貞、小田尾張権守高知を派遣する。

嘉暦3年（1328）

　　10月までに和談が成立する。「八戸家伝記」「八戸家系」によれば、この事件鎮圧に南部長継が当った。初め追討使足立時光が敗れたため、代って長継が退治を命ぜられ、甲州から糠部に向い、騒乱を収める。尚時光の命により安藤氏の居城を夜襲し軍功を挙げたという。（安藤氏は反幕行動があったため

188

と説明される）

元弘元年（1331）

　5月、後醍醐天皇の倒幕計画が幕府の知るところとなる。8月天皇は皇居を出て奈良から笠置寺に脱出する。楠木正成などが蜂起する。北条高時は鎌倉から討伐軍を上洛させる。その軍勢の中に南部三郎、二郎の名が見える。南部は北条の御家人としての動員だと思われる。しかし討伐軍勢の到着を待たず笠置寺は落ちて、天皇は捕えられる。正成の守る赤坂城の攻撃は苦戦となる。

元弘2年（1332）

　3月、天皇は隠岐、尊良親王は土佐、尊澄親王は讃岐に、それぞれ流罪となる。

元弘3年（1333）

　4月足利高氏反幕挙兵。5月新田義貞討幕の兵を挙げる。南部時長は子信長等を引連れて、これに馳せ参じる。奥州から義貞の密旨に応じて南部政長も武蔵堀金の陣に駆けつける。「八戸家系」北条高時を鎌倉に自害させる。「南部時長、師行、政長、重陳情」しかし幕府方に属した南郎氏もいた。5月15日の分倍河原の戦では北条方として南部孫二郎が参戦し、新田軍を一旦打ち破っている。分倍河原の戦い以後の南部氏は敵味方に分れて直接対決することになる。政長が奥州から駆けつけたからといっても、必ずしも奥州に常住を意味するわけではなく、

反乱軍討伐等の動員令により進駐していた可能性も
ある。

後醍醐天皇は幕府滅亡後、6月5日都へ戻り新政の
体制を次々と整える。奥州については先ず足利尊氏
を鎮守府将軍に任命し、ついで13日に護良親王を
征夷大将軍に任じる。

8月5日北畠顕家を陸奥守に任ずる。顕家は10月都
を発って多賀の陸奥国府に向う。この一行に南部師
行も同行したものと推察される。顕家は広大な陸奥
国に郡奉行を置き、分担して国務を執行させたもの
と考えられる。南部師行もその一人で、国代の称の
もと糠部の郡奉行だったとされている。

元弘4年（1334）

推定として、「八戸根城と南部家文書」小井田幸哉
著（同級生の夫君土屋正夫氏の御厚意により入掌）
によれば、師行の陸奥に残る最古の書状とされるも
の（同書50〜51頁）「早稲田のみちのくの二反添
えて進じ候也。毘沙門の地の事、大向の内安田二郎
が屋敷、同じくその前に候畠、添えて参らせ候。
恐々謹言。師行（花押）楯の聖の御房」とあります。
す。（これが師行が八戸在住を意味するかどうかは
私には理解出来ない）

建武元年（1334）

後醍醐天皇の皇子護良親王が10月22日逮捕された。
このとき親王に従っていた南部、工藤等の随兵数十

人も拘束される。12月4日工藤次郎、同右衛門尉次郎、南部氏共六条河原で誅された。これ等は奥州からの上洛兵であろうと考えられる。その頃、紀伊国では北条一族の佐々目僧正憲法を擁して湯浅党の六十谷定尚が飯盛山城（和歌山県伊賀町）に楯籠った。その攻撃を命ぜられたのが楠木正成であるが、同軍に属して戦った南部氏がいる。

建武2年（1335）

尊氏が叛旗を翻した直後の11月12日鎮守府将軍を兼ねる北畠顕家は12月22日義良親王を奉じて陸奥を出発して上洛。奥州勢を率いて新田義貞、楠木正成等と共に尊氏と戦って、これを九州に追った。

建武2年（1335）

建武新政府は、鎌倉幕府倒幕では一致した勢力の上に成り立ったが、倒幕後、後醍醐天皇の新政府は足利尊氏等を受入れることにならず、8月中先代の乱を制するために鎌倉に下った尊氏は、帰京の命令を無視してそのまま鎌倉に留まり、12月11日天皇が派遣した新田義貞率いる追討軍を箱根竹ノ下の戦いで破ると翌年正月11日上洛した。

建武3年（1336）

尊氏はその後関東勢の足利追討軍に破れて九州に退くが、関東勢が帰ると直ちに再起東上し、5月25日湊川の戦いで楠木正成を破って入京する。8月15日光明天皇を即位させ、叡山に籠った後醍醐天皇と抗

争を続ける。12月21日後醍醐天皇が吉野に走って
南朝を開くことによって、南朝（大覚寺統）、北朝
（持明院統）の対立の時代が始まった。俗に言う南
北朝時代である。

建武3年
　　　　（1336）（朝廷が南朝と北朝ができて年号も二つ
延元元
　　　　　　　ある）

　奥州勢は3月10日帰国の途についた。顕家軍の帰国
と連動するように、九州で再起した尊氏が湊川で正
成を討って都に入り、南北両朝の間で激戦が展開さ
れている頃、陸奥国府に着いた直後、8月6日鎮守
府将軍となった顕家は「尊氏直義等去る5月京都に
乱入すると雖も官軍防戦致すに依って尊氏以下数十
人7月15日自害」という誤った情報を受け、郡内警
護を政長に命じる。

延元2年（1337）

　正月8日足利方の攻勢を受け支えきれず、多賀国府
を霊山（福島県）に移さざるを得なくなる。

　8月天皇の命に応じて顕家が二度目の上洛の途につ
いた。率いる軍勢は結城宗広を始め伊達・信夫・南
部・下山等の六千余騎、国司勢三万余騎、その他の
軍勢を併せて十万余騎となり、19日には白河関を
出発した「大平記」12月28日には鎌倉を落として
足利義詮を逐い、正月末には美濃の阿字賀の戦で南
部・下山・結城入道等の一万余騎が今川範国、三浦

高継等の足利勢を破るなどしたが、そのまま上洛せず、伊勢を経て南部（奈良）に一旦入った。しかしそこで敗戦した顕家は河内へと転戦し天王寺、阿倍野、男山等で北方方と交戦した後、5月22日の和泉堺浦、石津の戦で戦死する。この一連の軍事行動に南部側から参陣した当主師行であるが、顕家とともに石津で敗死した。

師行の跡を継いで南部氏を支えたのが弟政長である。

暦応元年（1338）

北畠顕家の戦死後、陸奥介、鎮守府将軍となったのは弟顕信である。

暦応3年（1340）

この年顕信は陸奥入国を実現した。しかし国府のある多賀城ではなく石巻の葛西清貞のもとであった。

暦応4年（1341）

曽我氏は糠部へ侵攻を始め、夏から翌年の冬までの一年以上にも及び、政長は曽我氏の攻撃に耐え撃退し、糠部を死守する。

この頃顕信は功績を挙げられず、父である親房の籠る常陸の開城が陥落したため吉野へ戻る。この様な状況で南部氏に対し足利氏から度々投降勧誘があった。しかし政長は北朝方に与同した様子はない。政長の嫡子政政は貞和4年正月、四条畷の戦で楠木正行と共に戦死したと伝えられる。

興国6年　（1345）

　　鎌倉幕府滅亡に依り北条氏領地没収された糠部、
　外ヶ浜の地頭職は足利尊氏に与えられ、南部氏の立
　場は従前と同じように維持されたと思わないが、建
　武2年10月中先代の乱を制した尊氏が鎌倉で公然と
　新政府に叛旗を翻し、実質的に南朝（後醍醐天皇）
　と北朝（足利尊氏方）の対立が始まると、南朝に属
　した陸奥守北畠顕家が敵尊氏方へ圧力を強めるのは
　当然で、尊氏の所領である廿美郡を南部政長に与え
　た北畠顕信の下知状が残るように、糠部において
　も、郡奉行だった師行が敵方である尊氏所領を厳し
　く糾弾し、急速に勢力を拡げていったことが容易に
　に想像できる。

観応元年　（1350）

　　政長は、8月15日孫信光に八戸を譲与し、17日にこ
　の世を去った。

明徳3年　（1392）

　　南北朝の合一時には南部政光は甲州波木井に居住し
　ていたとされる。二君に仕えることになるとして北
　朝に帰順することを頑として承知しない政光に対
　し、盛岡南部氏当主守行が、本領である甲斐を去っ
　て、南朝から拝領した陸奥に移ることが将軍の命に
　服することになり、家名を守ることにもなると説得
　され、納得した政光は翌年春、一族を率いて根城に
　移る。後に南部町（山梨県）は武田一族穴山氏の本

　拠となる。

　以上は南部氏に関係する部分を年表形式にしたもので
すが、資料としては日本史年表（河出書房新社）を始め
岩手県史、山梨南部町誌他から採録した。思えば私の祖
霊の地、いや吾々のと申すべき岩手県・青森県全域は未
開の地であり、大和朝の権益の及ばない地域でしたが、
渡来王朝が権益の北進計画のもとに、征夷大将軍の名称
を編み出し、724年に陸奥多賀城を築き前線基地とした。
　この基地から波状的に陸奥の蝦夷に侵略・殺戮・奴
隷・謀略そのほか恥辱に満ちた攻撃をもって蝦夷全滅戦
を挑んだ。

　蝦夷とは日本原住民であり、縄文人であり、本当の日
本人であり、我々の祖先である。私達東北人はこの歴史
を正しく認識しなければならない。

　歴史に出てくる律令側の名称は、鎮東将軍・征越後蝦
夷将軍・按察使（これは裁判官に当る）・持節征東将軍・
鎮守大将軍・持節征夷将軍・征夷大使等々で、いずれも
軍制の名称である。

　次に主な岩手県における征夷戦としては、阿弖流為と
の対戦であるが、持節征東大将軍紀古佐美が周到な準備
をして攻撃を加えて敗れたのは789年、紀古佐美は処罰
され、次に大伴弟麻呂が征夷大将軍として795年に挑戦
するも敗れ、797年に三人目に坂上田村麻呂を征夷大将
軍に任じ、田村麻呂は謀略により阿弖流為は和睦に応じ

部下の五百余人を率いて田村麻呂の軍に降るが、田村麻呂は天皇に会見させるとの甘言に京に同道するが、結局京の六条河原で斬首される。田村麻呂は立派な軍将では決してない。また田村麻呂は中国系渡来人で、ときに802年でした。

　この年、胆沢城を築き前進基地を多賀城から移すのです。

　次に811年に文室綿麻呂が征夷大将軍として爾薩体の蝦夷を討伐したとされるが、その前に秋田の国司に依って勝敗が片付いていた。物の本に10年に及ぶ闘いがあったとされるが、それは真実とは思われない。大和朝（渡来王朝）による北進戦は最終戦となる。

　次に前九年の役、後三年の役、やがて頼朝による平泉の奥州藤原氏討滅に依って蝦夷の戦は終焉を迎えるのですが、時は1189年で776年から数えると413年になり岩手県は戦乱の中に置かれた。これを評して開拓が進んだと言えようか？

　またそれからが大変で、平泉の藤原氏滅亡と共に、関東の諸将の地頭の名目のもとに分割統治され搾取が続く。やがて南部氏の統治となる。私はどんな経緯で山梨南部の所領となったのかが知りたいと考えて調べてみたが、明解は得られなかった。史書の不正確さを日本書紀や後紀を含めて知らされた。これが私の結論ですが、誰かが、いつの日にか正しい歴史を書き直してくれる日があることを願っています。

　文末にあたって思うことは、二戸郡は大和朝が征夷大将軍のもとに討伐が行われた最終の地になったことや、二戸市には今も存在すると聞くアイヌ塚や、アイヌ壇は西暦811年頃のものと考えると、1189年の星霜が偲ばれる。

IV　糠部郡に就いて

　A　大日本地名辞書

　　「宇漢米公須賀浮因吉弥候部の荒島等云々……宇漢米はウカメで糠部はその転也云々」

　B　其の他

　　ヌカップ→ヌカノブ→ヌカベ等につくる。その起因は夷語なることは諸説皆然り

　考　證

　　餘目記録は糠延　吾妻鏡は糟部につくれり、吾妻鏡文治五年の條に始めて見はる。建部の年代は未詳といへり。

　　同書は680年より750年までの鎌倉の記録で、南部氏襲封時代に書かれたところから推して750年以前、8～900年前よりの地名であったことが想像される。南部光行襲封糠部五群とある。その五郡の領域については、説甚だ多し。

　　これを二大別すると以下のようになる。

(1) 糠部五群（甲乙丙丁戊）

(2) 糠部等五群（糠部甲乙丙丁）

九戸戦史例言　下斗米将真実伝

糠部、津軽、鹿角、岩手、閉伊　以上五郡

これによる糠部は今の二戸、三戸、九戸、北　の四郡に当る。

閉伊は疑はし。文治五年　源頼朝が阿曽沼廣綱を南方に、源頼基（後の閉伊氏）を北方に封じた点から見るに同時に南部光行の封土とすることが出来ねばなり。

國史大辞典

糠部は海上（階上とも云う）二戸、三戸、九戸（この三郡は海上郡を分かちたるもの）鹿角……以上五郡とす。

津軽郡を除きたるは多分津軽地方の記録に魅せられたるものなるべし　同書津軽郡の條には、應永の末、南部氏これを併せ云々と有り、疑はしい。

大日本地名辞書

二戸、九戸の大半

三戸、北　の諸郡に渉り

西は鹿角、津軽に山脈を分つ

｝これでは四郡のように見ゆ

郷村古実見聞記

九戸、三戸、北、鹿角、津軽——以上五郡

「同書の一説」九戸、三戸、北（以上階上）鹿角、岩手——五郡

岩手はあやし。吾妻鏡に「清衡継父武貞率去後伝領奥六部云々」とあり、奥六部というは伊澤、和賀、江刺、稗抜、志波、岩手なりというに徴すれば、糠部に岩手を入れるは如何あるべき。

南旧秘事記

階上、北、九戸、鹿角、津軽——以上五郡

これでは階上は三戸一郡に当る。

見聞記　更に細説して

一戸は福岡

二戸は金田一

三戸は（三戸）

四戸は名久井

五戸は（五戸）

六戸は北郡相坂村の川目

七戸は（七戸）

八戸は（八戸）

九戸は伊保内辺長久寺村

```
一戸・二戸 ┐
          ├ 九戸郡 ┐
四戸・九戸 ┘        │
三戸・五戸 ┐        │
          ├ 三戸郡 ├ 階上郡
八戸      ┘        │
六戸・七戸 ┐        │
          ├ 北　郡 ┘
田名部    ┘
```

糠部昔物語

　　現在の（二戸・三戸・九戸・北・鹿角・津軽）六
　　部に当る。

　　この説によりて考ふるに左の表の如きものとな
　　る。

```
              ┌ 九戸郡 ┌ 九戸郡
              │        └ 二戸郡
       ┌ 階上郡┤ 三戸郡
       │      └ 北　郡
糠部郡 ┤ 鹿角郡
       └ 津軽郡
```

　　更に二戸郡は、糠部の内──階上郡の内──九戸郡の
内──二戸郡

私の考察

　　Ⅳの糠部についてのＡの「ウカメ」で、糠部はその
転なり、とありますが、アイヌ語の辞書で調べると

U-KA-ME（ウカメ）は、堅雪になる寒さ、になります。U-KAは、互いに又は堅雪の意、ME（メ）は寒さになります。堅雪になる寒さ、又は雪が堅雪になったので今夜は冷えるよ、等の意味になります。人名には果して適当とも思えません。

　次の、ヌカップ→ヌカノブ→ヌカベ等につくる　とあります。アイヌ語でみると、NU（ヌ）は、聞く、嗅ぐ、沢山、感じる、目、顔　などの意味になります。カプ（KAP）は、魚、木、人間、皮　などの意味があります。私の独断で纏めてみると、「沢山の魚がいる土地」とします。この場合の魚は畦、鱒を含む魚類と考えます。NU-KAP（ヌカプ）は果して糠部の語源かどうかは私には不明と申し上げます。

　尚カプの付いた地名は沢山あります。占冠、新冠、愛冠等々で、例えば、新冠（ニカプ）は、ニは木の意味で、カプは皮の意で、楡などの木の皮を採る所の地名になります。

　尚、二戸郡誌にはいろいろと例をあげて書いています。詳しくは同郡誌を参照されることをお勧めします。ここで私がコピーを書いてもしかたがない。

　話は少しそれますが、3年程前に、生家の後から眺めた男神岩に登りたくなって出掛け、私が小学4、5年のころ男神岩の頂上に立った思い出を懐かしんだ。その帰途、ユニークな百姓、原与一氏に出会い、その紹介で小野寺堅司氏を訪ねて親しく教えを戴いた。その話の中

で、私が60年振りに登った男神岩の話に及び、氏は
「男神岩と現在呼ばれているが、本当は女神岩なんです。
私の父も女神と言っていました。スタイルからして女神
に見えませんか？」と言われたのには私も我に返った思
いでした。

　陸奥の名称にしても、三知乃於久、美知乃久、道奥
等々ですが、本来は未知奥だったのだろうと私は考えま
す。学問的ではなしに、未知の国であり未開の地の意味
からです。糠部にしても、於呂志閉、邑良志閉、宇漢
米、糠部、糠延等々ありますが、そもそも糠は取るにた
りない、役立たず、糠子で虫けら、蚊の一種などで未開
人、部は辺に所の意をもち、未開人の住む地で、軽蔑を
含んだものと考える。

　次に郡の範囲について、古文献を引合いにして列記し
ていますが、縣郡は唐の行政区画の名称で、日本でその
儘使用しています。それは中国の外臣であることの証明
でしょう。

　糠部五郡について　いろいろ例をあげて論を進めてい
ますが、私には奇異に感じられます。それは平泉の藤原
氏を討伐した折に、源頼朝の軍勢の中に南部光行が軍功
をあげ、糠部五郡を頼朝から拝領したという南部家史書
にある記述で、五郡とはどこか、という領域や範囲に関
る故の議論だと考えるからですが、私には南部光行が頼
朝から拝領してはいない、その記述そのものは作り話で
しかないと思うからです。歴史は常に勝者又は権者のも

ので、史書は後に書かれた偽作だと考えるからで、何故ならそれを証明するものは存在しないからです。

　岩手県史1189年7月22日「陸奥に所領を給せられた御家人は、葛西三郎清重奉行たるべしと命ぜられる」とある。

　尚「後世に至って、文治五年の役の戦功によって、この地方を所領に加えられたと称する南部氏、閉伊氏、阿曽沼称氏、河村氏、稗貫氏、和賀氏などについては『吾妻鏡』にその確証はない。南部三郎光行が文治の役の功によって、三十六人の士と共に奥州に所領を給せられたとする説も、これまた『吾妻鏡』などの根本資料には見えない。その後の断片的な資料や家譜の伝えによって知るほかない」と書いている。

　然るに、「二戸郡誌」に、同年の項に「南部光行糠部五郡を賜る（祐清私記）」と書き、1191年「南部光行甲州南部荘より糠部に下る」、1219年「南部光行奥州八戸浦に着す（九戸戦史）」、1265年「南部氏三戸城を居城とす」と書き進めています。一戸町誌も1191年「南部光行糠部三戸へ下向」と書いている。

　私は真実を知りたく、中央道から富士五湖を廻り、富士川沿いの道を山梨県南部町役場を訪問した。役場から教育委員会を紹介され、教育委員会に歴史研究家渡辺淳郎先生を紹介されて、色々と教えていただいた。先生は新しい南部町誌の編集長もなさって居られて多忙なお体でしたが、親しくお話し下さった。岩手や青森を十数回

も訪ねられ研究なさった由で、南部藩十一代以前の資料
が殆ど無く困っているとも話しておられた。南部町はV
字狭の形相をした地で、私は失礼ながら南部は御町より
寒いけれども肥沃な土地ですと申し上げたら失笑して居
られた。先生は「下向に舟を使うことは考えられない。
山国で育った者達は太平洋に出て八戸浦に小人数で上陸
して何が出来るだろうか」とも話されて笑われた。

　私はその後、南部氏の菩提寺や墓所、由縁の場所を訪
問して帰りました。

V　二戸郡の維新後の変遷について

明治元年12月
　　南部藩城地領土召し上げられ、陸奥国津軽越中守の
　　取締となる。

明治2年2月
　　下野国黒羽城主大関美作守の取締となり、其の臣村
　　上一学権知縣事を拝し来って治を三戸に置く。
　　4月　代官花坂理蔵往きて本郡の土地人民並びに官
　　舎倉庫等を村上権知縣事に交付する。
　　7月　南部利恭特旨を以て旧領盛岡に復帰す。
　　7月　三戸縣を置く。

同年11月
　　江刺縣に併せられ、本郡に出張所を置き、権大属宝
　　井平左エ衛門之を管す。

明治4年7月　廃藩置県。

明治4年11月　青森県の管轄となる。那須権参事之を管
　　　す。
　　　　これより先、町村役人の名称を変更すること数次。
　　　初め検断を町年寄とし、肝入を庄屋となす。後に町
　　　年寄、庄屋を共に里正と称せしも幾何もなく町の里
　　　正を市長とし、村の里正を村長と称させる。尚大庄
　　　屋を郡長と改称する。

明治5年　土地、人民を青森県に編するに及んで、市
　　　長、村長の呼称を廃して、戸長、戸長副を置く。

明治6年　管内を十の大区に分画し、二戸郡は10区とな
　　　る。区長に福田祐康を置き、更にこれを7小区に区
　　　分し、小区毎に戸長、副戸長を置き、区長に隷属せ
　　　しめる。

明治8年9月　区長福田祐康、青森県に転じ、小笠原定
　　　一その後任となる。

明治9年5月　岩手県となり島県令の治に入る。

　　　8月　区長を廃して戸長をして直接県庁に隷属せし
　　　める。

明治11年7月　大小区制を廃して郡区町村制を布かれ
　　　る。

　　　而して各郡に郡長を置く。

明治21年4月　市町村制発布。

大正15年7月　郡制廃止、現在に至る

Ⅵ　福岡に就いて

1.　呑香稲荷社記及御神徳

「爾薩體の郷、宮野の里、福岡云々」とあり、右を
岩手県二戸郡福岡町ではなく、爾薩體といった時も
あり、宮野といった時もある。今の福岡といふやう
に解すると、爾薩體と宮野との間に尚二戸といった
時が無いか、これに対する

考　證

郷村古実見聞記　「一戸は福岡　二戸は金田一」

二戸小史　　　　「二戸は福岡の舊称」

　　　　　　　　　　何れが真か

政権の覇府に移ってより、諸国に守護を置き荘園
に地頭を置きたる時代糠部郡一戸にも亦地頭を置
かれたることあるに徴して、一戸は一戸、二戸は
福岡と称するとなすを正しと見るべきか。

今左に此の一戸、二戸、三戸、四、五……に就い
て其の名称を起因に就いて考察せん。

二戸志

「一戸の名称は何れの時に始まりしか審かならざ
れども、平安朝時代に至って大同弘仁（806〜
824）以後出来たるものならざるべからず云々」

諸旧記

「嘉保年間（1096）藤原氏が平泉に拠って以後貢
馬置牧の制を設けた時」としている。

管野氏談

「南部氏の糠部に封ぜられてから、甲斐の黒駒の
制に倣って牧馬制を定めた云々（730）」

以上の三説を総合して考ふるに一千年代とするも
の、八百年代とするもの、七百年代とするもの、
となる。而して旧記に現はれている源平時代の名
馬「池月」や「磨墨」や「権太栗毛」などは此の
地方の産なりと傳ふるに徴して、當時既に牧馬の
盛んなりを知るに足るやに思ふ故に少くとも南部
氏以前即ち（800）年代既に置牧の制があったと
見たい。

而して一戸二戸三戸等の名は其時代よりの名称だ
と推定する。

尚、菅野氏は、

「永正年間（1506）一の部は一戸地方其産馬を一
戸立、雀の焼印、二の部は福岡地方其産馬を二戸
立ち、二の字の焼印」といって居られたのに見る
も、一戸は一戸で、二戸は福岡であると見るべき
であるまいか。

九戸戦史

「天正十九年十二月（1591）南部信直治を宮野遷
し改めて福岡と名づく」以上に依って考えると、
大体次の年代順に名称が代わって来たのではある
まいか。

香阿　　（1200）　　｜　この称呼は単に今の福岡一局
爾薩體　（1100）　　｝　部ではなかったろうか。

二戸　　（1000）

宮野　　（36.70）

福岡　　（350）

尚、之に深い関係のある九戸城に就いては考察を
下してみやう。

二戸志

　「九戸城は白鳥城又宮野城、二戸城と称す。今九
　戸城若しくは福岡城と呼ぶ」

九戸戦史

　「白鳥城は安倍頼時の子白鳥次郎高任（一説には
　八郎行任）築城す」（860）

同九戸戦史

　「宮野城は、九戸政實鹿角恢復戦の功により二戸
　諸村を加賜せられ、九戸より移り住む」（36.70）

大日本地名辞書

　石巻斉文書を引用して「宮野は伊保内也福岡にあ
　らず。白鳥氏といふは明徴なし」といえり。

二戸志

　「安倍氏の滅後平泉藤原氏を径、文治五年南部氏
　の領有に帰せし後も永禄の末に至る数百年の間、
　知名の士の居りし跡なきものの如し云々」

二戸志

　「天正十九年（1591）九月、九戸氏滅するに及び

援軍の将蒲生飛騨守氏郷豊氏の命を奉じ宮野城の別城、松の丸を修理増築して之を南部氏に致せり。是に於て南部氏、宮野城を福岡と改め、十二月其治を三戸より福岡に渉す云々」

九戸戦史

「天正十九年冬より是に至る（慶長四年十月）福岡に治すること凡そ九年なり」 以上を総合して考えるに九戸城の沿革は次の如きものとなる。

白鳥城 （860）　　安倍高任一代

　　　　　　　　　以後約五百年知名士之に居らず

宮野城 （九戸城）（36.70）　九戸政實一代

　　　　　　　　　九戸氏十年乃至二十年之に居る

福岡城 （二戸城）（350）　南部信直―南部家直二代

家直は慶長三年福岡に生る。信直の庶子也。兵六郎と称す。信直治を盛岡に渉するに及び、家直を福岡城主となす。元和元年正月没す。嗣なし。

家直慶長三年生～元和元年没　この間八十五ヶ年

Ⅶ　二戸郡に就いて　（二戸郡は何時から置かれたか）

考　證

寛知集　に初めて見える。

國史大辞典に寛知集を引用して

「戦国の際糠部郡を割きて置きしものならん」と説いている。

戦国の際とは、元亀天正年間（36.70）をさせる
ものならんが、九戸郡の部にも亦之と同じく「戦
国の際糠部郡を割きて本郡を置きしものならん」
と説いているところを見ると、此の書は九戸、二
戸両郡とも同時代に置かれたるものとなせるもの
らし、これには疑義あり。

南旧秘事記　には、

「南部行信の時（三十代元禄年間（240））九戸郡
の内福岡一戸を割きて二戸郡を置けり」とある。

深秘抄　も亦之に同じ。

奥々風土記　には

「元禄年中（240）」と明記しあり。されど秘事記、
深秘抄、風土記等の説は疑はし。何故なれば

南部重信、本領安堵の御朱印　に

「陸奥国、北群　三戸　二戸　九戸　鹿角　閉伊
　岩手　志波　稗貫　和賀　都合拾萬石高如前々
可令領知之状如件」とあり、右は寛永十一年
（300）二十八代重信に下された御朱印で、元禄よ
り六十年も前に出ているし、二戸は確かに一郡と
して見らるべきであるからである。

郷村古実見聞記

「政実没落後、天正年中（350）九戸郡を分けて二
戸郡を置く云々」とあるは正しとすべきであろ
う。

ニノへの語源について

考　誼

　　郡名考に「ニノへと訓す」とあり、二戸小史には
　「ニノへのへは和語にして家の義なり。部落邑里
　を指せる称にして、稗貫、閉伊などのピイエの転
　ぜる夷語とは自ら其の選を異にす云々」とあるは
　確論である。数詞を冠せるに見ても和語なるは争
　のなきところなり。

奥羽便覧考

　　「比内郡……古贄柵今号二戸」といい、

紫波郡志　には

　　三代実録の火内　吾妻鏡の比内（肥内）等を二戸
　の故名とする説は、
　　大日本史の藤原保則の元慶二年（878）の條に「秋
　田の城下、上津野、火内等の十二村賊の為に拠有
　せられたり云々」とあるに見ても、二戸小史の
　「肥内郡贄柵の訛なりとなす説あれども贄柵は出羽
　柵能代川の中流に其の地あるを以て此の説非なり」
　と説けるに見ても、東山の取らざる所である。

※以上は東山ノートですが、これを補完する意味で
　「二戸郡誌」を一部転載することにします。著作権
　その他に関連すると考え、二戸市教育委員会に事情
　を電話致しました処、関豊氏に依って了解快諾を戴
　きましたので、感謝と御礼を申し上げます。

二戸郡の由来　（二戸郡誌転載）

1　二戸郡の郡名

　二戸郡の郡名は、昔の牧場制度時代の名残である。

　その昔、糠部の総称を糠部東西南北四門とも、糠部九ヶ部四門とも呼んでいた。三戸南部の居城地である三戸を中心として、一戸・二戸は位置からいって南方にあったので南門と呼び、後になって一戸・二戸の地域を二戸郡と呼ぶことになったのである。

　糠部は「ぬかのぶ」とも「ぬかべ」とも呼ぶようであるが、その正確な呼び方は文献によってもまちまちである。従って日本語であるか、アイヌ語であるかも知られていない。

　吾妻鏡の文治5年（1189）の条に糠部のことが記されてあるので、糠部郡の設けられたのは既に平安末期からではないかといわれている。

　それから後、鎌倉時代や室町時代を経て、近世初期の慶長あたりまで糠部と呼ばれていたことは、中世文書等に見えているから、糠部と呼ばれた時代は400年以上も続いたということになる。

　九ヶ所四門というのは、一種の戸郷制度と見てよいだろう。しかしこれには糠部郡内を東西南北の四門にわけて、四門内に一戸から二戸三戸と順次に九戸までおいた総称のことであり、一戸二戸を南門・四戸五戸を西門、

八戸九戸を東門、六戸七戸を北門と称せられてきたが、近世中世史の研究によって従来の通念は検討されて、門制の中に戸制があるのではなく、門制と戸制は別の単位として、同時に並用されていたことが実証されて来ている。

戸は或は部とも目、幣、辺とも書かれてあるが本来は家という意味であると言われている。国郡制度の一家を一戸といった概念とは異質のもので、事実上の戸は数戸集まった行政上の一単位であったろうと思われる。

鎌倉時代初期に、南部光行が糠部を領するようになったが、その支配権は全域に及んでいたかどうかははっきりしていない。6人の子息にそれぞれ一戸、三戸、八戸、四戸、九戸、七戸を支配させている。従って当郡内の一戸には長男の行朝を封じているが、二戸には、同じく鎌倉御家人であった畠山氏や佐々木氏が居って、地頭職としてこの地域を支配していたらしい。

鎌倉時代末期には、その馬制もととのえられ、一ヶ部毎に牧場を設けて牧士を置いて牧場を司らせている。牧士には牧士田を与え、その周辺には7ヶ村を設けて、合計63ヶ村からなっていた。

室町時代になって、八条近江守房繁が永正5年（1508）に書いたという「糠部九ヶ村馬焼印図」にその間の事情が述べられている。

　　一の部　　七ヶ村の内　　㊞両印すぐれたり………中略
　　　　　　　七ヶ村の内　　桂清水村、片車…………中略

　　二の部　七ヶ村の内　印両印、雀並二文字……中略
　　　　　　　　　　　　……一天下の人賞翫_{がん}比類なし。
　　　　あひかひ　　　　印四ツ目結_{ゆい}、本主佐々木庶子、
　　　　　　　　　　　　号佐々木之部

　南北朝時代には八戸南部氏が国代として吉野朝廷のた
めに大活躍した。その当時の豪族と思われる工藤・畠
山・佐々木・葛巻・横溝の諸氏の動向が、古文書に見ら
れるが、そのうち室町時代に入っても、なお、二戸には
畠山氏や、佐々木氏の勢力が盛大であったようである。
　その当時の牧場の数は、一戸に4牧、二戸に5牧、三
戸に5牧、五戸に15牧、六戸に11牧、七戸に15牧、八
戸に5牧、九戸に5牧、合計70牧というふうに（藩翰
譜）に述べられている。
　室町時代末期になって、その社会組織の変革や、その
間にはげしい消長があったらしく、三戸南部氏の一族九
戸氏が勢力を得るに及んで、九戸・二戸を支配するよう
になった。
　しかしそれも数代であって、さすがに勢力の強かった
九戸氏も政実のときに到って、三戸南部氏と争い、豊臣
のひきいる天下の大軍と戦って雄図空しく散っている。
　天正19年（1591）のことである。それから以後一戸・
二戸の土地は名実共に三戸南部氏の所属となった。
　時の藩主信直が、三戸から福岡の地に移り、九戸城の
南側の松の丸をその居城とした。

　盛岡に城を移すようになってから、孫の経直が城代としてこの地方を治めていたが、若くして逝去したため城代を廃すことになった。元和6年（1620）からは代官所を設け、福岡通りと呼んで明治に到っている。

　郡名の由来はこのようにほぼ推しはかることができるけれども、設置された年号やその経由には諸説があってはっきりしていない。

2　近世の二戸郡

　二戸郡は九戸郡を割いて置いた郡であるという説と、そうではないという説である。

　二戸郡分置否定説では、寛永11年（1634）に、徳川家光が南部28世重直に賜った本領安堵（あんど）の朱印には、陸奥国、北郡　三戸・二戸・九戸・鹿角・閉伊・岩手・志和・稗貫・和賀というふうに明記されているという説と、寛文年中における寛知集にも、天和2年（1682）の邦内貢賦記にも二戸郡と呼ばれているという説で、設置年代は慶長から寛永までの間にとる見解がある。

　二戸郡分置説では、元禄年中に於て、南部30世行信が九戸郡を割いて二戸郡を置いたということが南旧秘事記に載せてあり、伊達朝臣勤王事歴にも見えているという説をとっている。従ってその設置年代も元禄以後とする見解がある。

　いずれにせよ、二戸郡は南門の総称として、昔の一戸・二戸の地域の呼び名となったのは近世初期というこ

とになる。

　　注　昔の牧場制度時代の称呼と現在の二戸郡の地域の呼び
　　　　名は慣習化され、行政名となったことが考えられる。
　　　　一時一戸地方、二戸地方は九戸政実の所領になったこ
　　　　とから見て、九戸氏の所領であった同地方を二戸郡と
　　　　呼んだということを後になって九戸郡を割いて二戸郡
　　　　を置いたというふうに記録されたのではあるまいか。

　江戸時代には二戸郡は福岡通りと呼ばれ、天和3年
（1683）の検地によれば、その村数は52か村で、その人
口は16,771人といわれている。

　それが江戸時代中期になると、安永9年（1780）には
72か村で、戸数は4,647戸、人口28,851人、馬の数は
9,306疋ということになっている。（南部藩雑書）

　一戸当り馬2疋、人口に於て約100年間に12,000人の
増加をみている。

　馬の数が戸数より多かったのは、南部藩の馬政にあず
かることが大きかったのであろうが、漸次この時代に
入って、後期封建時代の特徴である米穀貢祖による農業
生産構造の確立が当郡の生産構造を変容させてきてい
る。

　当郡は主として畑作似寄る雑穀生産地として発達して
きたが、新田開発も行なわれ、しだいにその生産構造は
近代化して来た。

　当時の副業は養蚕の普及、ざる、かご等の竹細工等が

あげられ、衣類用として麻などが栽培された模様である。

　福岡・一戸・田山・曲田・荒屋・金田一・浄法寺　7か村には宿駅が設けられ、交通も福岡・一戸を中心として開けるようになった。

　商工業の主なるものとして、生蝋・晒蝋・漆器の生産があげられ、酒屋も江戸時代後期になると繁盛してきている。金融業である質屋等も設けられ、町には検断、村には肝煎等、町村の自治を司っていた。その当時馬は交通機関として只一のものであった。

　明治3年（1870）に藩籍奉還によって、明治政府が成立したため、その行政組織は一変した。

3　明治維新以後の二戸郡

　　　明治元年（1868）12月　　弘前藩（郡民の反対）
　　　明治2年（1869）　2月　　黒羽藩
　　　　　　　　　　　　4月　　三戸県
　　　　　　　　　　　　8月　　九戸県
　　　　　　　　　　　　9月　　八戸県
　　　　　　　　　　　11月　　江刺県
　　　明治4年（1871）11月　　青森県（郡民の強硬な反対）
　　　明治9年（1876）5月25日　岩手県に編入されて今日に至っている。

　明治初年の行政区劃はめまぐるしいが、それをやや詳

述すれば次の通りである。

　明治元年12月7日、南部領の九戸・鹿角・閉伊・岩手・紫波・稗貫・和賀の7郡は松代藩主真田信濃守松本藩主戸田丹波守に、二戸・三戸・北の三郡は津軽越中守に取締りを命じられたため、弘前藩に属した。明治2年2月8日越中守の取締を免じて更に野州黒羽藩主大関美作守に命じられている。

　美作守はその家臣村上一学を権県知事に任命して当地を治めさせた。当時の代官花阪理蔵が三戸の庁舎にでかけて行って本郡の土地人民並に官舎倉庫を交附している。

　やがて四月には三戸県、八月には九戸県、九月には八戸県等に属したが11月29日に江刺県に併せられている。

　江刺県の管轄は閉伊・江刺・気仙・和賀・二戸・鹿角で本庁は遠野に置かれ、当郡は福岡町に県出張所が設けられその統轄をうけている。

　注　①江刺県分局　　　鹿角郡花輪町
　　　　江刺県出張所　江刺郡岩谷堂町　　気仙郡今泉町
　　　　下閉伊郡宮古町
　　　　二戸郡福岡町（明治2年11月29日、三戸県廃止後設置される）
　　　②岩館武俊氏著二戸志には九戸県、八戸県に属したことが見えていないが、岩大森嘉兵衛博士の福岡町建設計画調査書に明記されているので記述しておく。）

又二戸郡の中、金田一・釜沢・海上・野々上・上斗米・下斗米・米沢・石切所の各村及び堀野村の内160余石は斗南藩の領地となり、4年7月14日廃藩置県になって斗南県となった。更に9月5日弘前県、9月23日青森県となっている。

この間に於て、町村役人の名称がしばしば変更された。

検断は町年寄、更に里正、市長、大庄屋は郡長と改称し、村に於ては、肝入は庄屋、里正、村長と改められている。

5年に至って更に市長、村長を廃して、むかしの肝入役として戸長、老名（おとな）役として副戸長、組頭役として伍長を置いて町村政を執行させている。

6年には本郡は青森県内行政区劃10個の大区があった内、第10大区に属し、更に本郡は7小区にわけ、大区に区長、小区に戸長、副戸長をおいて地方自治にあたらせている。

釜沢・野々上・金田一・仁左平の4村は第1小区、米沢・上斗米・下斗米・石切所の4村は第2小区、堀野・福岡・白鳥・鳥越・似鳥・安比・福田の7ヶ村は第3小区として福岡村がその扱所となった。

一戸・楢山・岩館・根反・中里・出ル町・女鹿・小友・月舘・西法寺・高善寺の11ヶ村は第4小区、冬部・田野・面岸・姉帯・小鳥谷・小繋・中山・摺糠・馬羽松・宇別・平糠の11ヶ村は第5小区として一戸村がそ

の扱所となった。

　漆沢・御山・浄法寺・大清水・駒ケ嶺の5ヶ村は第6小区、浅沢・荒屋・田山の3ヶ村は第7小区として浄法寺がその扱所となった。

　明治9年5月25日の布告によって青森県より岩手県に編成替えになり、本郡は第23大区となった。区内に8個の戸長扱所が設けられた。

　金田一に1番扱所、福岡に2番扱所、一戸に3番扱所、田野に4番扱所、小繋に5番扱所、浄法寺に6番扱所、荒沢に7番扱所、田山に8番扱所が夫々置かれた。

　然るに同12年1月に大小区制が廃止され、金田一・福岡・石切所・上斗米・安比・一戸・高善寺・小鳥谷・田野・小繋・月舘・御山・浄法寺・荒屋・田山の15戸長扱所が設けられたが、これもしばしの間で、さらに上斗米・石切所・安比の3扱所を廃して福岡に併せ、高善寺・月舘を一戸に、小鳥谷を小繋に、御山を浄法寺に併合し、田野の扱所をおいて姉帯の扱所に変更して、以前のように8扱所にもどしている。

　これを見てもわかるように、本郡の74ヶ村を明治8年の地租改正によって72ヶ村とし、しかも数か村をまとめて村政を支配させる形をとっているが、実質は各村々は独立していて、役場はその行政的な扱所に過ぎなかった模様である。

　明治22年（1889）町村制施行によって、更に分合が行われ、福岡町・一戸町・爾薩体村・金田一村・斗米

220

村・石切所村・浪打村・鳥海村・姉帯村・田部村・小鳥
谷村・荒沢村・田山村・御返地村の2町13ヶ村となっ
た。田部村・姉体村は組合役場を設けて村政を図ったの
で14役場によって、地方自治の確立がなされた。

　明治30年（1897）郡制が施行され、郡会が設けられ
たが、大正12年郡役所が廃止され、その後は町村会を
中心として、地方自治の確立が見られるようになった。

　その後昭和15年に浄法寺に町制が施行され、昭和26
年に田部村が岩手郡葛巻町に編成された。

　昭和28年の町村合併促進法の適用があり、現在の新
町村制の施行を見るに至った。

　　昭和30年4月1日（1955）　福岡町・斗米村・石切所
　　　　　　　　　　　　　　　村・爾薩体村・御辺地村の
　　　　　　　　　　　　　　　統合により、新福岡町の誕
　　　　　　　　　　　　　　　生を見た。

　　昭和31年9月30日　　　　　荒沢村・田山村が統合して
　　　　　　　　　　　　　　　安代町が誕生した。

　　昭和32年11月1日　　　　　一戸町・浪打村・鳥海村・
　　　　　　　　　　　　　　　小鳥谷村・姉帯村が統合し
　　　　　　　　　　　　　　　て新一戸町が誕生した。

　浄法寺町と金田一村のみは統合に未加入の儘現在に
至っている。

　なお隣接郡である九戸郡の一部の戸田村・伊保内村・
江刺家村が昭和26年に二戸郡管内の行政区に編入され、
昭和30年4月1日に統合して九戸村が誕生した。

　昭和39年から軽米町も、その行政の一部を二戸郡に委ねることになった。

資料　1

（1）陸奥について

①　陸奥の名称

　倭名抄には、陸奥、三知乃於久（みちのおく）と訓をしている。

　万葉集巻十四東歌三首の陸奥国歌の譬喩歌（ひゆか）には、美知乃久（みち のく）とある。

　日本書紀には斉明天皇五年の条に、唐国に使を派遣した際に、以二道奥蝦夷男女二人一示二唐天子一とあり、同じく六年の条に、阿倍臣に粛慎国を伐たせた際、阿倍臣以二陸奥蝦夷一令レ乗二己船一　到二大河側一　と記されている。陸奥守従三位百済王敬福貢二黄金九百両一。と続日本紀四月二十二日の条にある。

　以上の解釈に幾多の学者がいろいろの説を書いている。

　喜田貞吉博士は"陸奥は道の奥で陸という字で書いてありますのは「陸」は道で道奥であるも同一です。即ち、東海道・東山道のズーッと奥の地で、其の街道筋の終る処が陸奥であります"といっている。これはどの学者も異論がないようであるが、陸奥を「むつ」と呼ぶ場合の理由を板橋源教授が"本居宣長の「玉勝間」における「むつの国といふは、みちの国を訛れるもの」という、みち転訛説と、荻生徂徠の「南留別志」における

「陸の字につきてむつの国ともいふ文字につきて名の転ぜるもの」というむつ借用転訛説と、金澤庄三郎博士の「むつは陸の古訓として」という陸字古訓説、及び小川琢治博士の「むつとは、刀を佩く民族の住む土地に与えられたアイヌ語である"という四説を奥州平泉の註（6）で紹介している。

② 陸奥の範囲

陸奥の範囲は奥州山脈の東側太平洋に面した白河以北の総評で、奈良時代には、仏教によって国家を鎮護するという政治的意図のもとに、国府の所在地多賀城に近い処に国分寺国分尼寺が営まれたのである。〔中世の東北地方　古田良一博士〕

明治元年、王政維新、其十二月、陸奥を分ちて、磐城・岩代・陸前・陸中・陸奥の五と為し、出羽を分ち（後略）

那珂通世　　行政区の名称、境界に関する私儀

第一条　府県界に従って国界を改正すること。

（前略）同県陸奥の国二戸郡は陸中国九戸郡の正西に相並びて、陸中の要都なる岩手郡と接続し、何れも岩手県所轄として、適当の疆域を為せば、国も陸中とすること適当なり、二戸郡は元青森県の所管なりしが、地勢民情の便とせざるが為に、明治九年より改めて岩手県に属せられたれば国のみ依然として陸奥に属すべき理由なし。〔大日本地名事典索引97頁〕

注　明治元年の際二戸郡は弘前県に属していたので国が陸

　　奥のままであったが、その後岩手県に属するように
　　なってからも陸奥のままであったので、那珂通世の建
　　言はあったが、今でも二戸は陸奥のままである。

(2) 糠部について

① 　糠部の名称

　大日本地名事典に、アイヌ語の日本語化して熟音と
なったものの例として次の名前をあげているが、

　　於呂志閇（延喜式）邑良志閇（日本後記）宇漢米（類
　　　オロシベ　　　　　　オラシベ　　　　　　ウカメ
聚国史）糠部、糠延（東鑑故書等）爾散南（類聚国史）
　　　　ヌカノブ　ヌカノベ
等

　の中で、著者によってはっきり糠部に〔ヌカノブ〕と
傍訓がなされている。しかしその根拠が明記されていな
い。安政年間の書として小山某の津軽考の中には、糠部
とは、今の五戸六戸より下、海岸までを指すことと見え
たり、民間旧記には、ヌカップとも読み、カップとも云
えり。これ郡名にもあらず、昔より呼び来りしこと、其
の故を知らず、民間の旧記に津軽率土の浜辺をカップと
記したるものあり。文字合浦なり云々。と記されている
が、現在ではこの説は通らないようである。

　　大槻博士の伊達勤王事歴には、糠部郡の訓を解明して
いる。

　　永正年中余目記録の文中に"漢字にて糠延と記し、仮
名にて「ぬかのぶ」とまで記してあり。（元来は蝦夷語
にてあらぬか。出羽の地名に鮭延などもあり。）

されば、吾妻鏡文治五年九月の条に糠部駿馬五十匹、同六年二月に、外浜与糠部など傍訓せしは、誤れりと知るべし。又同書同五年九月の条に、槽部（カス）とせしなど誤訓を付したる後略"とある。

② 南部光行の糠部郡拝領説

文治五己酉年七月十五日頼朝郷、伊達泰衡為二征伐一奥州下向之時先陣供奉、平泉阿津加志山国見沢等にて有二武功一依レ之、為二其忠賞一、奥北糠部等のの数郡を賜り、従二甲州一移二此地一　　〔祐清私記～南部系譜〕

③ 糠部の範囲

糠部の範囲については、南部藩に於ける旧記によっても、その時代や著述によってまちまちである。しかも糠部五郡の概念はいつ頃の時代からのものであったかも明確ではない。糠部は総称で糠部五郡とは糠部内の五郡とする説、糠部等五郡とする説など見受けられる。岩手県史では、糠部とは"馬淵川流域を中心とする郷邑の凡称である"としている。糠部九ケの部馬焼印の図や師行宛清高状によれば、糠部内一戸とか三戸、或いは七戸とあるし、久慈のことははっきり久慈郡と書いてある。

糠部とは一戸・二戸・三戸・四戸・五戸・六戸・七戸・八戸・九戸を包括した総称であると見るのは妥当ではあるまいか。～著者

此処に従来の糠部についての考察を掲げて参考とする。

　　　階上・北・津軽・九戸・鹿角　　　〔南旧秘事記〕

　三戸・北・津軽・九戸・鹿角　　　〔糠部五郡考〕

　三戸・北・岩手・糠部・鹿角　　　〔奥南旧指録〕

　岩手・津軽・糠部・鹿角・閉伊　　〔南部世譜附録〕

　糠部五郡之事（前略）如_前条_古来一戸より九戸迄有レ之、其所当時如レ左。

　　一戸　今福岡御代官所に有レ之、一戸也、古来之通唱

　　二戸　二戸といふは、今云金田一の事也、是に基て郡の名を二戸郡と云

　　三戸　古来之通、今の三戸也。

　　四戸　今八戸御領分に相成候所也。名久井を四戸と古来唱也。

　　五戸　古来之通、今の五戸を云。

　　六戸　五戸御代官所之内、北郡之村を六戸と云、根反川の川目地、同所代官之内三戸郡の村を五戸通と云。

　　七戸　古来之通、今之七戸也。

　　八戸　右同断

　　九戸　往古九戸と云は、今八戸御領に有レ之、伊保内之辺長久寺の事也。

　　　　　　　　　　　　　　　　〔郷土古実見聞記〕

一戸・二戸・四戸については納得が行かないが参考に記しておく。

九戸の長久寺も長興寺の誤りかとも思われる。

私の雑感

　一口に二戸郡と言っても、それは三万年を超える歴史の中に包まれていて、古代史や文化、宗教に及ぶ壮大なロマンを秘めているのです。その中の一部分について文献の中から拾い集めたに過ぎないのですが、アイヌ語を学ぶ一老の立場から二戸市にあるこのアイヌ塚にはストーンサークルをモデルとした構造物を中心に小公園を造り、親しみやすい場所として残し、爾薩体（旧地名）には日本全国からモニュメントの設計を募り、大きなモニュメントを全国からの募金の形で浄財を集めて造り、征夷完結千二百年祭を開催する。そしてその場所は永遠に残る「征夷終結記念公園」とする。わたしはこんなロマンに満ちた夢を描いてみる。

あとがき

　梅雨の夜に、このあとがきを書いていると何故か雨の音が懐かしくさえ思えて、それは母の胎内で聞く雨の音のように静かです。

　挫折と希望の繰り返しを重ねて、やっと生れたこの小冊子を、母となる女は何を思うのでしょうか。生物である人間と違うこの冊子は、生れたときが終りのときです。ひとつの区切りなのだと私は思います。ただひとつ言えることは、一人の老人が何かを求めて辿り着いた地点に過ぎない。老人はそこで死んだのではないのだから、また前をみつめて歩き始めることでしょう。

　この冊子は熟れていない果実のように未完成で、味もない青臭いものですが、70年の老木に初めてなったもので、小さく決して可愛いものではありません。それどころか、ある意味では他人から批判や反感をも受ける部分もあろうかと考えています。また的外れの間違いや失言もあろうかと。しかし、そのお叱りは甘受しなければとも思って居ります。

　アイヌ語との出会いから現在に至って思うことは、地図を広げると夜空の満天に輝く星のように、アイヌ語はそこにあるのです。天体にも歴史があるように、人類にも天体には及ぶべくもないが、やはり100万年に及ぶ歴史があるのです。私はそれに向かって老の足を向けて行

228

きたいと考えております。当面は奥北三県（岩手、秋田、青森）の地名を調べながら、その歴史について勉強したいと思います。皆様の御指導を戴ければ幸いに思います。

　緑に降る雨の音は、生きるものへの子守唄か、水のある惑星に生きるものとして、生きている証しの音を確かめています。

　編集を終えるにあたって、私のアイヌ語との出会いとなった永島幸夫先生、編集の校正に当たって下さった野田市太郎先生、地図の提供、調査をしていただいた柴田吉雄君、案内役を買って戴いた柴田末吉氏、資料の収集をして下さった土屋正夫氏、木村貴資雄氏、柴田金次郎氏、装丁して戴いた小関俊之氏他の方々に心からお礼を申し上げます。小冊子とはいえ、諸氏のご協力なしには出来ないことを学びました。

　　　　　　　　　2000年7月　　柴　田　和　一

青森県アイヌ語地名考

はじめに

　私のアイヌ語との出会いと言いますか、存在を知った
のは、定年画家？をやっていた頃に、なぜか縄文土器に
ひかれていた。その頃青森県三内丸山遺跡が、新聞を賑
わしていた。勿論三内がなかったとしても、古代史の本
には縄文土器や、弥生土器が写真つきで数多く発刊され
ていた。

　絵に描くテーマとしても私を引き付ける存在でした。
そんなことから青森県の遺跡を訪ねることになった。

　言うまでもなく丸山遺跡や、亀ケ岡式土器の木造町や
八戸市是川、風張遺跡、秋田県の、大湯環状烈石などを
訪ねて、帰り道故郷に立ち寄り友を訪ねた。酒席で歓談
のなかで、故郷には多くの意味不明な地名のあることを
気付かされた。

　家に帰ってから、知人の紹介で、アイヌ語を三十有余
年研究している永島幸夫先生にお目にかかり、アイヌ語
であることを知りました。これが本当のアイヌ語との出
会いでした。

　以来アイヌ語の文献を探し神田の本屋を廻る日が続い
た、出版社のカタログを集め、本をかいあさった。

　これがアイヌ語の入門でした、しばらくして、ややア
イヌ語が解りかけて来たことから、「二戸郡のアイヌ語
地名考」を本にした。その後青森・秋田・岩手の三県に

しぼり、先ず青森県から取り掛かることにした。それが
この本である。

　実は三年前に活字にしていたのだが、経済的に本に出
来ずにいた。そのうちに秋田県の脱稿が出来て、追っか
けて形にしたいと考えている。

　生地岩手県には、既刊の研究書があることから、角度
をかえて私なりのものにしたいと、考えている。然し自
分だけの思い出になるだろう。

2006・11・20　和一記

青森県アイヌ語地名考（第一次）

東北六県アイヌ語地名辞典（西鶴定嘉著）引用

田舎 <small>イナカ</small>　　　　　　　　　　　　　　　　**（青森前文）**
inkar

インカル

物見をする所（見張っている～見晴らしの良い所）

　アイヌ語地名辞典に「東日流伝記によれば、北は黒石川、南は西平川（堀越川）の間の地域である」とある。あるいは「夷中」の文字を当て、又は「稲我」の文字を当てる。イナカ in'akaはine-a-kaの短縮形であろう。ineは一連のこと、aは坐する、kaは上－「河面の上」。平川と黒石川との間の沖積地が長く連なり、西川の河面より小高く堆積している意-と書いてある。

　角川書店刊の地名辞典によれば田舎舘村は南津軽郡にある。津軽六群と言われたのは千年程以前のことであろう。私には前記アイヌ語地名辞典には少々無理があるように思われる。大正元年測量図と平成八年修正図を見ると田舎舘は田園に囲まれた小高い段丘地である。知里辞に「inkar-us-i」（インカルシ）があり、「いつもそこへ上って敵を見張ったり、物見をしたり（物見をし・つけている・者）」とある。言いかえると見晴らしの良い所

234

であろう。私はインカルが田舎に変訛して田舎、夷中、
稲我　に当てられたもので、舘が付いて、いつの時代に
か田舎舘となったものと考える。

平賀　　　　　　　　　　　　　　　　（青森前文）

ヒラ カ

pira・ka

ピラ・カ

崖・上

　平賀郡の郡は和語で、ピラカはpira-ka「崖の上」の
意味で、河岸段丘面を指したのであろう。平賀の地名は
岩手や秋田県にもある。

十三湖　　　　　　　　　　　　　　　（青森前文）

ト　サ

to・sam

トゥ・サム

湖（の）・側らの集落

　西鶴定嘉著『東北六県アイヌ語地名辞典』には、津軽
は六郡で、津軽半島に位置する六郡をいう。このうち鼻
和・田舎（夷中）・平賀を内三郡といい、奥法・馬・江
流末を外三郡（十三湊郡ともいう）という、と書いてあ
る。また、鎌倉時代には、内三郡は鎌倉幕府の支配地
で、外三郡は京都御所の支配地であった、とも書いてあ
る。

馬（真野）　　　　　　　　　　　　（青森前文）
（マ　マノ）

ma・nu

マ・ヌ

澗・（が）ある

　nu（ヌ）には収穫又は豊漁の意の他に、…がある、
…を持つ等の意味がある。

　岩木川の流路が変わったために生じた河跡湖で、これ
らの沼は小川によって本流につながっている。このよう
な沼を「澗」という。馬は澗の意味の当て字である。こ
の澗を辞書で見ると「入江や島かげを利用した港をい
う」とある。私は木造町の亀ヶ岡遺跡をたずねた折に、
この地方を車で通り、沼の数の多さに驚いた。これらを
澗というかどうかはわからないが、小沼の多いことは確
かだと感じた。

鼻和　　　　　　　　　　　　　　（青森前文）
（ハナワ）

pana・wa

パナ・ワ

川下の・岸（の集落）

　Hanawaのhaは（湖の如く、水が次第に減退するこ
と）na（水）wa（杯のような円いものの縁をいう）
──「円形の湖の水が減退して、そのふち（に出来た新し
い土地）を意味する。その土地は肥沃なので、開墾され

て水田にしたものと考える。と東日流伝記に書かれている。しかし、アイヌ語辞書にはpanaは、川下・下・下の方等の意味で、ちなみにpena（ペナ）は川上の方、山寄りの方等、かみての意味がある。wa（ワ）は縁・岸の意味で、私は「川下の集落」と訳しておく。

江流末　　　　　　　　　　　　　（青森前文）
e・rum・ma
エ・ルム・マ
尖った・矢の根・澗

「尖った矢の根のような澗」とも解すべきか。襟裳岬も尖ったように太平洋に突き出た岬で、同類のアイヌ語地名。東は岩木川、西は日本海に限る細長い地帯を江流末という。

津軽　　　　　　　　　　　　　　（青森前文）
tukari
ツカル
手前の所（こちら側）

　津軽は、その意味が不明だったため、多くの当て字がなされてきた。古くは「日本書紀」に、「津刈」「都加留」「都加利」等の当て字が見える。また「都鍜流」「東日流」「津借」等々であるが、私の入手したものに『東

日流外三郡誌』全五巻があるが、これも「ツガル」と読む。

　音については、ツガル、ツカリ、ツカロと記録の中に見える。アイヌ語のtukariという語は―「すぐ手前」という意味であり、tukar-iは「…の手前」という意味で、「何かの手前」のことである。

　また「…の手前」とは「こちら側」の意味にもなり、北海道を指して青森は海を挟んで「こちら側」であり「北海道の」手前の土地である訳になると考える。「ツカル」は「手前・こちら側」の意味のアイヌ語であるとすると、青森県にばかりある地名ではない。

　「手前・こちら側」は全国至る所にあるわけで、岩手県にも秋田県にもある。これらはその都度に書くとして、青森県の「尻労」は、sir-tukariでsirは断崖でtukariは手前になり、断崖で行き止まりになる場所に名付けられた地名で、手前の意味と同時に行き止まりの意味もあると考えられる。私の生地岩手県二戸郡一戸町鳥越に「過石」又は「過利石」があるが、私は「行き止まりの所」と訳した。

　津軽は北海道の「手前」であり陸地の「行き止まり」の土地でもある。

興法
オキ　ホ

o・u・kot・pe
オ・ウ・コッ・ペ

　　　　　　　　　　　　　　　（青森前文）

陰部・互いに・くっついている

　これは知里博士の辞典を引いたもので「陰部」とは川の合流点をいい、u（ウ）は互いにの意でpe（ペ）はくっついている—くっつくの意で、二つの川が川尻で合流している。本郷川と黒石川が合流している地点に名付けられた地名である。

ピッケ川　　　　　　　　　　　　　　（青森前文）
pit・ke・川

ピッ・ケ・和語

石（コロ）・多い・川

　pit（ピッ）は「大小岩石の総名」と知里辞にある。ke（ケ）は、削る、掻く、まく、散布　と辞にある。この場合「まく」「多い」と私は解する。この地名も現在は「美付川」と改められている。

有間浜　（西津軽郡深浦町・北津軽郡市浦町　２カ所）
アリマノハマ

ari・ma・浜

アリ・マ・

沢山の漁獲のある・港・浜

　ariは、「たくさんある」、maは「港」で、魚が沢山獲れる、浜であり、あがる港でもある。

長苗代 <ruby>長苗代<rt>ナガナワシロ</rt></ruby>　　（三戸郡八戸市）

長・nay・siror

ナイ・シロロ

長い・川（の）・端（はた）

　アイヌ語地名辞典には「nak-ka-nai-ush-or-o川とは、いえないような川が、沢山あるところ」とある。

　地図では、長苗代、下長苗代村が見える。私の記憶にある長苗代は田園の中にある平地であった。私は「二戸郡のアイヌ語地名考」の「苗代沢」のところで「nay-sir」としsirを「崖」と訳したが、この項で訂正しておきたい。この「長苗代」は「長」は和語であるから省略する。残る「苗代」について考えることとする。「苗」はnay（ナイ）川である。「代」は辞書を見るといくつもの意味があり、「身の代」は対価であるが、「糊しろ」「縫いしろ」は幅であるが、縁でもある。アイヌ語辞典でも、「parur」（ハルル）は端であるが縁でもある。また、「siror」（ヒロロ）も同じで、地、所で川の所は川の端で側であり傍である。苗代沢は―沢の端。この場合馬渕川の端であり傍であろう。地図では「長苗代」と「下長苗代村」がある。関連する地名であろう。

種差 <ruby>種差<rt>タネサシ</rt></ruby>　　（三戸郡八戸市）

tanne・esasi

タンネ・エサシ

長い（海岸の）・出崎（岬）

　アイヌ語地名辞典に「tanne-sasi」（タンネサシ）で「長い昆布」とある。「エサシ」をアイヌ語の辞書を引くと「昆布」とでてくる。しかし永田方正の地名解には「北見国枝幸モ亦昆布ノ義ナリ。然レドモ岬ヲ「エサシ」トイウコトアリ。故ニ旧地名称ノ「エサシ」ハ山崎ノ義トアルハ誤リニアラズ。」とある。

　私も数度この海岸に遊んだことがあるが、種差海岸は風光明媚なところで、海岸線は長く美しい、出崎はあるものの長い出崎ではない。長い海岸の出崎のところを「種差」と名付けたものであろう。

田茂木　　　　　　　　　　　（三戸郡八戸市）
ta・mom・ni
タ・モム・ニ
ここに（は）・流れ・木（寄るところ）

　アイヌ語地名辞典には「tamu-kapara-ni」（タム・カパラ・ニ）―ドロノ木の下略、この木は樺大で、チスニといい、丸木舟をつくるのに用いた」とある。田村すず子、中川裕の辞書では「tamu」は「刀」と書いている。田茂木は馬渕川畔にある。昔はタモノ木があったかどうかわからない。川端の土地であるから、湿地ではないにしてもそう考えさせる所に思える。地図には中洲もあっ

て、私は「タモムニ」と解し、ta-mom-niで「ここに漂
流木が寄るところ」と訳してみた。

母袋（母袋子）　　　　　　　（三戸郡八戸市）

hor・ka

ホロ・カ

後戻りする・川（のところ）

　アイヌ語地名辞典では、「mo-tay」（モタイ）「子の森
小さい森」とある。大正三年の古図を見ると、東母袋
子、西母袋子が新井田川を挟んである。昭和62年図で
も同じである。母袋の地名は他にあるのだろうか。アイ
ヌ語にhorka（ホルカ）がある。意味としては「後戻り
する」で、地図を見ると腸のように蛇行しているので、
この状態を「後戻りするようだ」と感じたのであろう。
この地名は各地に多くある。

櫛引　　　　　　　　　　　　（三戸郡八戸市）

kus・pa・us・i・siki

クシ（パ・ウシ）・シキ

人々の通行しつけている所（渡場）・鬼萱（群生する所）

　櫛引は根城の側にあって、古代史にもその名をとどめ
る所で、馬渕川の東岸にある。アイヌ語地名辞典に「魚
梁をつくって鮭鱒を捕った所」と訳している。櫛引は八

戸の川口に近く、川幅も広い。この地に簗があったかどうか知らないが、古代には数百万の鮭が遡上したであろう。しかし、この地名は魚とは関係なく、川向こうと渡船で交流した所である。その川原には鬼萱がたくさん生えている。そのさまの地名である。

差波 <small>サシナミ</small> （三戸郡八戸市）

（e）sa（u）si・nani
サシ・ナニ
山が河岸まで出ている所を流れる・濁りやすい川（のそば）

　アイヌ語地名辞典には「sash-na-hum-i」（サシュナフミ）「轟く水音のところ」とある。sasサシは昆布で、波もある。私は海岸を連想した。しかし差波は遺跡で有名な是川の南、川上の所にある。

　新井田川は、上流で瀬月内川、雪谷川と合流して新井田川と名を変える。この川が差波で山岸に寄る。esausi（エサウシ）とは「山が河岸まで出ている所」の意味である。北海道の「江刺」は、頭（岬）が突き出ている、との意味である。差波には「頭」つまり岬ではないので「エ」が消え、「ウ」も略されて、「サシ」となったと考える。波はアイヌ語のnani（ナニ）と考える。「ナニ」には、「濁りやすい」の意味がある。

郵 便 は が き

料金受取人払郵便

新宿局承認

2523

差出有効期間
2025年3月
31日まで

（切手不要）

160-8791

141

東京都新宿区新宿1−10−1

㈱文芸社

愛読者カード係 行

||||||||||||||||||||||||||||||||||||||||||||||||||||

ふりがな お名前		明治　大正 昭和　平成	年生　　歳
ふりがな ご住所	□□□−□□□□	性別	男・女
お電話 番　号	（書籍ご注文の際に必要です）	ご職業	
E-mail			

ご購読雑誌（複数可）	ご購読新聞
	新聞

最近読んでおもしろかった本や今後、とりあげてほしいテーマをお教えください。

ご自分の研究成果や経験、お考え等を出版してみたいというお気持ちはありますか。

ある　　　ない　　　内容・テーマ（　　　　　　　　　　　　　　　　）

現在完成した作品をお持ちですか。

ある　　　ない　　　ジャンル・原稿量（　　　　　　　　　　　　　　　　）

書　名	

お買上 書　店	都道 府県	市区 郡	書店名		書店
			ご購入日	年　　月　　日	

本書をどこでお知りになりましたか?

　1.書店店頭　2.知人にすすめられて　3.インターネット(サイト名　　　　　　　　)

　4.DMハガキ　5.広告、記事を見て(新聞、雑誌名　　　　　　　　　　　　　　　)

上の質問に関連して、ご購入の決め手となったのは?

　1.タイトル　2.著者　3.内容　4.カバーデザイン　5.帯

　その他ご自由にお書きください。

　(　　　　　　　　　　　　　　　　　　　　　　　　　　　　　　　　　　　)

本書についてのご意見、ご感想をお聞かせください。

① 内容について

② カバー、タイトル、帯について

弊社Webサイトからもご意見、ご感想をお寄せいただけます。

是川 <small>コレカワ</small>　　　　　　　　　　　　　　（三戸郡八戸市）

kor-i・川

コル・カワ

蕗（が群生している）・川（和語）

　知里辞では「kor-i」＝フキ（蕗）の葉とある。田村すず子辞では「コロ」と書きフキ種としての「ふき」を言う。是川の川は和語。是川は、私も三度訪ねた所で、縄文期の遺跡があり、重要文化財である土器や漆塗りの飾弓や縄文土器の発掘したものを展示している所である。

尻内 <small>シリウチ</small>　　　　　　　　　　　　　　（三戸郡八戸市）

chir・ot・i

チリ・オッ・イ

鳥・多く居る・もの（川）

　アイヌ語地名辞典には、「sir-i-nay」（シリナイ）で「崖下を流れているそれの川」とある。しかし、尻内には崖はない。山田秀三の解を表記しておく。

瀬月内 <small>セ ツキナイ</small>　　　　　　　　　　　　（三戸郡八戸市）

set・chir・nay

セツ・チリ・ナイ

鳥の巣・多い・川（特に鷹の巣）

アイヌ語地名辞典に「set-uki-nay」（セツキナイ）「鳥の巣多いところの川」とある。大筋で合意。北海道の釧路湿原に流れる「雪裡川」と同じで、瀬月内の内は川の意味であるが、さらに川を加えて瀬月内川としているのは面白い。

類家 （ルイケ）　　　　　　　　　　　（三戸郡八戸市）
ruy・ka
ルィ・カ
強い風が吹く（西風）・高台

アイヌ語地名辞典では「ruike」（ルイケ）はruika-eが音韻変化した地名であり、「橋が、そこに」の意と書く。

類家の地名は各地に多くある。ruy（ルィ）には「激しい」、「強い」の意味があり、ka（カ）は「上」、「かみて」でこの場合「高台」だと思われる。海から（特に冬場の）西風が強く吹きあたる所の意と考える。西風（ナライ）は冬の季節風のことである。

馬渕川 （マブチガワ）　　　　　　　　（三戸郡八戸市）
mak・un・pet
マク・ウン・ペッ
奥に・入ってゆく・川

　アイヌ語地名辞典には、「苫米地と同義で、頭部のト
が略されたものである。トマペツtomapetのトマは
tomamのmがoに変化しpが重複するので、その一つが
消失したのである。トマム（湿地）「湿地を流れる川」
の義。」としている。これには大いに反論したくなる。
苫米地は馬渕の下流域にある。また「湿地を流れる川」
とは象の足にさわって象を論ずるに等しい。私は表記の
mak-un-petは奥に・入っていく・川、と考える。そう
いうと、川のすべては、奥（山）に入ってゆく、（山奥
から流れてくる）川だと言われそうである。アイヌ人達
は、川は「海から山の方へ入ってゆく」と考えていたか
らである。詳しくは「二戸郡のアイヌ語地名考」に書い
たので略す。さて、苫米地は、旧図で地引村にあるが、
現在は福地村である。知里辞では「toma」は①エンゴ
サクの塊茎②苫〜 kas-i 苫屋（虎杖丸636）と書いてい
る。

元木平　　　　　　　　　　　　　（三戸郡三戸市）
モ ト キ タイラ

mo・to・ki・平

モ・ト・キ・和語

小さい・沼（ある）・萱・原

　アイヌ語地名辞典には、「mo-to」（モトウ）「小沼」。
元木平は熊原が馬渕川に合流する地点の北。馬渕川畔

西側に位置している。沖中、冷水の地名がある。川守田
は235m、市街地及びこの冷水附近は38mで、元木平は
山岸にある。冷水が示すように湧き水もあり沼もあった
と考えられる。大正図では国道四号線両端には民家はな
いが現在は町になっている。元が和語なら、葦の生えて
いる湿地帯で沼もあったの意。mo-to-ki（モ・ト・キ）、
平は和語である。moは小さい、toは沼、kiは萱又は葦
になり、「小沼の側は葦原」と読める。

斗内　　　　　　　　　　　　　（三戸郡三戸市）
to・noy
トー・ナィ
沼（ある）・川

　アイヌ語地名辞典には、「to-nay」（トウナイ）「湖川」
とある。
　斗内は大字名か、広い地域の地名であろう。大正地形
図では斗川村の地名も見える。大正図でも沼は見当たら
ないが、村名に斗川村、斗内を併せて考えると「熊原
川」は野川であろう。春の増水又は大水の時々沼状の水
溜まりの出来る川であったものか、地名ではそう見え
る。現在は水田である。

猿辺（川）（猿部）　　　　　　　（三戸郡三戸町）
sar・pet・（川）

サラ・ペッ・（和語）

葦原・ヨシ原・（ある）川・川

　アイヌ語地名辞典には、「sar-pe」（サルペ）「葦の生えたところ」と書いてある。

　三戸町を流れる川に「馬渕川」「熊原川」「猿辺川」があり、その中で猿辺川は源流を町内にもち馬渕川に合流する。この川の川沿いに水源近くまで水田が続いている。

　「sar-pet」（サラペッ）草原川の意である。sar は sari とも書いている。

相内〔アイナイ〕　　　　　　　　　　　（三戸郡南部町）

ay・nay

アィ・ナイ

蕁草（が生えている）・沢（川）

　アイヌ語地名辞典には、「ayus-kina」（アユウシキナ）「とげのたくさんついている草」「ay-nay」（アイナイ）「アザミ類の生えた川」即ちアザミ類である、と書いてある。ay（アイ）は、①矢、②植物の刺、禾等で、この場合地名であるから「蕁草」（イラクサ）としたい。

相野〔アイノ〕　　　　　　　　　　　（三戸郡南部町）

aynu

アィヌ
人間・人（アイヌ民族・アイヌ人）

　アイヌ語地名辞典には、「aynu-amam」の下略、アイヌ、アマムとは「アイヌの穀物」即ち「稗」の産地だったのだろう、とある。
　私はaynu（アイヌ）そのものと考える。知里辞ではアイヌは人：男と書いてある。アイヌもアイノも同じことで、「アイノ」とも呼ばれていたからである。同じ三戸郡に「相野々」がある。これもアイノが暮らしていた野原の意味であろう。
　一方、金田一京助は「北奥地名考」の中で「相内―藍野、は蕁麻沢」と書いている。それもあろうかと思うが、ここでは「アイヌ」が生活していた野とする。

雷鉢森　ライパチモリ　　　　　　　　　　**（三戸郡田子町）**
ray・hacir
ラィ・ハチリ
　（山が）死んで・落石（ある所）

　アイヌ語地名辞典には、「ray-pa-chi」（ライパチ）「死の蒸気が、沢山昇っている」（火山ガス）とある。
　来満峠の近く（北東）にある874mの兄弟のように二つの山頂をもつ山である。地形図では急な山で104号線が腸のように蛇行している所の北にある山で、私は何度

もこの道を通り十和田湖や大湯へストーンサークルを見
に行ったが、遂に見過ごしている。アイヌ語で見ると
ray（ラィ）は死、hacir（ハチリ）は垂直に落ちる、で、
何が落ちるのだろう。山が死んでしまったから、落石か
土砂崩れのある山（森）の意だろうと考えた。

田子（達子）　　　　　　　　　　　　（三戸郡田子町）
tap・kop-i

タプ・コプ

離れてぽつんと立っている円山（孤山）

　アイヌ語地名辞典には、「tap-kop」（タプコプ）「円頂
の小山」とある。知里辞に「tap-kop-i」（タプコプ）は
離れてぽつんと立っている円山、孤山、孤峰、尾根の先
にたんこぶのように高まっている所、と書いてある。ま
た「田子」は信仰の山で、chi-nomi-sir-i（チノミシル）
土地の人が崇拝する山で、〔われら・祭る・山〕でも
あった。田子町には小字名まで入れると多くの田子地名
があって語源となる山はどこにあるか迷う。

来満 峠　　　　　　　　　　　　　　（三戸郡田子町）
ray・oman・ru・par

ラィ・オマン・ル・パラ

死者の（魂が）・行く・道（の）・入り口

　アイヌ語地名辞典には、「ray-man」「ray-oman」「雷鉢山に行く」とある。

　「来満峠」は田子からこの峠を越えて十和田湖や大湯ストーンサークルのある大舘、花輪へ通ずる。この峠の手前南北に「来満牧場」「白萩平牧場」があり、その脇に「雷鉢森」874mがある。「ray-oman-ru-par」（ライ・オマン・ル・パラ）」「死者の魂が冥土へ行く道の入り口」と訳す。

関　　　　　　　　　　　（三戸郡田子町）
seki

セキ

溝

　アイヌ語地名辞典には、「seseki」（セセキ）は地熱をいう、地熱が高かった頃命名されたのであろう、とある。熊原川沿いで104号線に面した集落地名。

佐羽内　　　　　　　　　　（三戸郡田子町）
sapa・nay

サパ・ナイ

崖地の・沢

　アイヌ語地名辞典には、「sapa-ney」（サパネイ）「頭状の小山があるところを流れる川」とある。sapa（サパ）

は人を含む動物では頭、山でいえば頂上、地では岬になり、この場合は崖。この地名は熊原川に出張った急斜面の出崎に名づけられたもので、田子町から十和田湖、大館に至る104号線が通っている。

荷軽井 _{ニ ガルイ}　　　　　　　　（三戸郡五戸町）

ni・kar・i

ニ・カル・イ

木（薪）を・採る・所

アイヌ語地名辞典には、「kara-ni」、発火器を作る木、ハルニレであろう―とある。荷軽部、荷負等々の地名があるが、同じ語意をもつ仲間である。niは木の意で薪のことではない。例えば栗はヤムで、栗の木はヤムニとなるのである。ここでは一般的に薪とした。

志戸岸 _{シ ト ギシ}　　　　　　　（三戸郡五戸町）

situ・o・kes

シド・オ・ケシ

尾根（台地）・尻・端

アイヌ語地名辞典には、「shi-to-kesh」（シトウケシ）「大湖の湖頭」とある。

「situ-o-kes」（シドオケシ）峰尻である。この地は馬渕川の支流で浅水川の岸にある116mの台地の端（尻）に

ある「ケシ」は尻、端、末端の意で「stu-kes」でも同じことである。situ（シド）は尾根、kes（ケシ）は前記の「端」の意。

切谷内 キリヤナイ　　　　　　　　　　（三戸郡五戸町）
kiri・ya・nay
キリ・ヤ・ナィ
鮭の産卵する水濠が・岸にある・川

　アイヌ語地名辞典には、「kiri-ya-nay」―「イチャン即ちキリが川岸にあるところの川」と書いてある。
　切谷内は五戸川沿いに川の様に民家が続いている。切谷内村でもある。南側は水田が鬼内から赤川川原まで続いている。その赤川原に沼湿地があって菖蒲川があるが、台地で畑地である。切谷内の「キリ」はkirikatchi（キリカッチ）の「カッチ」が略されて「キリ」となったもので「イチャン」（鮭の産卵する水濠）と同義である、と書いてある。

虎渡 トラト　　　　　　　　　　（三戸郡名川町）
tutut
トゥトゥッ
ツツドリ（鳥）

　アイヌ語地名辞典には、「tura-to」（ツラトウ）「連続

した湖」とある。馬渕川沿いの小平地、国道4号線東北本線が通る狭い小平地で、沼が連続していたとは思えない。ツツドリ（鳥）はカッコウに似た鳥で、春に北海道に渡り、トゥットゥットゥッと鳴く。鳴き声は、トゥトゥッ、トゥトゥッときこえることから名付けられ、和名はツツドリと名付けられた由。地形図で見てもそれしか浮ばない。

斗賀 <ruby>斗<rt>トウ</rt></ruby><ruby>賀<rt>ガ</rt></ruby>　　　　　　　　　　　（三戸郡名川町）

to・ka

ト・カ

沼（の）・山手

　アイヌ語地名辞典には、「tokap」は「乾いた」、沼沢地が干上がったところの義、とある。toka（トーカ）はto（ト）「沼」、ka（カ）は「かみて」「沼のかみて」と読める。地形図で「上斗賀」と「下斗賀」がある。馬渕川沿いの苫米地の南西の小平地で剣吉駅の北側山寄りの地名。現在は集落と水田がある。おそらくは道が回っている所は沼地であったろう。湧き水で出来た湿地の中に沼があったその山寄りの集落を斗賀と名づけた。沼のかみてというより、沼の山手の方が現状に近いものであろう。

剣吉 （ケンヨシ） （三戸郡名川町）

keni・ushi

ケニ・ウシ

榛の木・多くある所

　アイヌ語地名辞典には、「kene-i-ot-i」「川を遡る鮭、それが多い所」—ケネは川を遡る鮭、ot-i（オチ）多い所—と書いてある。

　金田一京助は「北奥地名考」の中で「剣吉」はkeni・ushi（ケニウシ）で榛の木・多くある所、と書いている。

鳥舌内 （チョウシタナイ） （三戸郡名川町）

coka・sita-kapay・nay

チョカ・シターカパイ・ナイ

私たち（が）・カパイ（を採る）・沢

　アイヌ語地名辞典には、「chi-o-shita-nay」（チョウシタナイ）「吾等、そこへ行って、シタカパイ sitakapay を採取する川」とある。

　馬渕川が中央北部を東西に流れこの名川町の南は岩手県に境する。その県境近くに「鳥舌内」がある。如来堂川が分かれる作和と高屋敷を含む大字名だろうか。前記アイヌ語地名辞典の通りと思う。

　先ず、「ci」（チ）相手を含まない「われわれ」、私、「coka」（チョカ）相手を含まない、私たち、私と彼

（ら）の意味、次に「kapay」（カパィ）はkap-hayで皮
部・繊維のことで、「sita」（シタ）kapay皮部のセンイ
をいう。それは「ムカゴイラクサ」の皮を意味する。
「カパイ」は、ムカゴイラクサ、イラクサ、クゥアナゥ
ネなどの草の「センイ」のことである。参考として、弓
弦は「ムカゴイラクサ」が一番いい。次にいいのは「ツ
ルウメモドキ」の蔓の皮を剥いで使うものだ。弓はイチ
イ（オンコ）の木で作るものだ―と書いてある。ナイは
沢の意。

売井（坂）　　　　　　　　　　　　（三戸郡南郷村）
uruyruk
ウルィルゥ
　（ふるえる程）寒い（所）

　アイヌ語地名辞典には、「u-ruy」（ウルイ）で「砥石
の産地」とある。
「uruy-ruk」（ウルィルゥ）は寒くてふるえること、ur
（ウル）は毛皮の上着のことである。ここは軽米町との
県境にある400mの高地にある。古里と県境の軽米町高
柳に通ずる道がある。

頃巻沢　　　　　　　　　　　　　　（三戸郡南郷村）
kor・mak・沢
コロ・マク・和語

ふきが・奥の方まで生えている・沢

　アイヌ語地名辞典には、「kor-oma-ke-i」（コロマキ）「蕗（フキ）のある所」と書いてある。「kor-mak」沢、（コロマク沢）、ふきが奥の方まで生えている沢のことであろう。

鳥屋部　　　　　　　　　　　　　（三戸郡階上町）
to・ya・pet
ト・ヤ・ペッ
沼（の）・岸・（を流れる）川

　アイヌ語地名辞典には、「to-ya-p」（トウヤプ）「湖岸のところ」とある。前記辞典の通りで、鳥屋部、東鳥屋部、西鳥屋部が地形図に見える。鳥屋部の川下（北）に大沼の地名があり、水系が違うが沼沢の地名がある。岩手県境の階上岳（種市岳）から地下水が露出する地帯かもしれない。大正図には「沼」とだけあり水上に鳥屋部がある。この地名と同義のものはたくさんある。

法師窪　法師浜　　　　　　　　　（三戸郡階上町）
hoasi・窪
ホアシ・和語
出崎（のある）・窪地（又は浜）

　アイヌ語地名辞典には、「pon-us-i」「山栗が、無数に生えているところ」とある。

　栗はyamu（ヤム）。法師窪は45号線が海岸を通って北上していたのが八戸市街に向かって内陸部に向きをかえた掘割の先にある。窪というより沢状の窪地に地形図では見える。また八戸市の種差海岸鮫町に「法師浜」がある。hoは尻、hoasi（ホアシ）は出崎、法師浜は種差港の横にある小浜で、出崎の地名か。法師窪は道仏川沿いにある出崎になっている窪地の地名だろうか。

階上（岳）　　　　　　　　　（三戸郡階上町）
カイカミ
kamuy

カミイ
〔神様が居られる山〕

　アイヌ語地名辞典には、「pa-skamuy」（パシカムイ）「疱瘡が流行する」とあり、疱瘡を流行させる魔神の神意をやわらげるために祀ったところであろう。―と書いてある。

　この地方の主峯で740mの高さがある。kay（カイ）には祈る、背負うの意味があるが、私はkamuy（カムイ）神様、カミは和語で山又は頂上とし、「神様が山の頂上に居られる山」とする。

赤保内　　　　　　　　　　　　　　（三戸郡階上町）
aka・po・nay

アカ・ポ・ナイ

山稜（岡山）・（を流れる）小さい・州

　アイヌ語地名辞典には、「akam-pu-o-nay」「アカムの（貯蔵）倉庫が数件ある谷」アカムは風化した姥百合の根を、円盤状にした貯蔵食品で、冬に、粥などにして食べたという、と書いてある。

　八戸市から続く丘があり低地がありの繰返しのような地形で、階上町のほぼ中程の低地にある。小沼が二つばかりの丘部にゴルフ場もある。沼の下から「大渡川」になる。赤保内の北に田端がある。これはto（沼）で「トバタ」となるであろう。赤色はアイヌ語でhure（フレ）で、この赤保内の赤はakaで山稜の意味であろう。po-nay（ポナイ）は「小さい川」の意、120m前後の丘山を流れる小さい沢川の地名。

道仏　　　　　　　　　　　　　　　（三戸郡階上町）
to・put

トー・プッ

沼（の）・口

　道仏川、道仏新田はこの道仏から派生的に生まれた地名だと考える。穏やかともいえる起伏のある地形の中に

沼が点在する一つの地名である。

麦沢（ムギサワ）　　　　　　　　　　（三戸郡福地村）

muk・沢

ムㇰ・和語

（食用になる）根・（を掘る）沢

　アイヌ語地名辞典には、「muk-i-sawa」（ムキサワ）「バアソブの根、それのある沢」と書いてある。さらに重要な食料と加える。

　田村すず子辞には「muk」（ムㇰ）山にある蔓草の名。紫の花が咲く、春先にまだ葉の出ていないときに鍬で根を掘る。皮をむくと白い乳が出て、乳くさく甘い。この根を煮たり焼いたり油で揚げたりして食べる、と書いている。（知分類p.25　バアソブ）

　知里別冊植物編には「muk」（ムㇰ）根、とし「普通バアソブの根を指す」とあり、「キジカクシ」「ツルニンジン」「ツリガネニンジン」の根や地下茎を指す。「キジカクシ」は百合科、「蔓人参」「釣鐘人参」はキキョウ科。「バアソブ」は和名で、「婆ソブ」と書き、蔓人参は「爺ソブ」と呼ばれている。また知里辞に「古謡の中で丸い物がころがる様を形容して「バアソブ」の根が転がるのとそっくりだ」と書いてある。

苦米地（人馬別）　　　　　　　　（三戸郡福地村）

tomam・pet

トマム・ペッ

湿地（を流れる）・小川

　アイヌ語地名辞典には、「toma-pet」は、「tomam-
pet」（トマム・ペッ）「沼地を流れる川」とある。この
苦米地の「ト」を省いて「マベチ」とし馬渕川の語源と
している説もある。また「延胡索（トマ）の在る所」と
して植物にしているものもある。地形図で見ると苦米地
は八戸の西に背負われたような小さい村である。村の中
央を流れる馬渕川の北の平地で現在は水田が広がってい
る。その縁は急斜面の山地で、盥（タライ）を半分に切ったような
半円形の盆地である。tomam（トマム）湿地・沼沢地、
と考える。知里辞は「tomam-i」（トマム）で、湿地、
泥炭地、沼地と書いている。ここにヨシの生えているの
をtomam-sar（トマムサラ）という。苦米地はtomam-
pet（トマムペッ）で山根から湧き出る水によって湿地
状となり、金田一京助の言うように延胡索も生えていた
ものか。petは川の意であるが地形図で見ると二本の小
川が流れている。

福田　　　　　　　　　　　　　　（三戸郡福地村）

puku・sara

プク・サラ

ギョウジャニンニク

アイヌ語地名辞典には、「pukusa」（プクサ）「ギョウ
ジャニンニクの意」とある。「pukusara」（プクサラ）
別名「キト」ともいわれる。

鶴間 ^{ツルマ} 　　　　　　　　　　　　（三戸郡新郷村）

turuke・mak
ツルケ・マク
古い川跡が・奥（にある所）

アイヌ語地名辞典には、「tura-oma」（ツルマ）「流質
物を含んだ水が、そこにある」とある。アイヌ語に
「ツ」音はない。ここに温泉があるかどうかは知らない。
浅水川の支流で水源近い上流部に鶴間がある。turuke（ト
ルケ）は「川跡」の意で、mak（マク）は奥の意。地形
図で見ると、栃窪、中鶴間、中崎は昔の川の曲流を示し
ている。昔の川（跡）が奥の方になった所の地名であろ
う。

田茂代 ^{タモシロ} 　　　　　　　　　　　　（三戸郡新郷村）

tom・代
トマ・和語（平地、平、岱台）
湿地・の平地

　アイヌ語地名辞典には、「tamu-o-ush-or-o」（タム・オ・ウシ・オロ）「ドロノ木・沢山・生えている・そこに」とある。

　項内川の北側にあって、ちょっとした集落もある。水田や畑地がある平地といっても真平の意味ではなく広がりのある段丘地であろう。

横澤 ヨコサワ　　　　　　　　　　　　（三戸郡新郷村）
yoko・沢
ヨコ・和語
獲物を待ち伏せする・沢

　アイヌ語地名辞典には、「yoko-sawa」「槍で魚を狙う川」とある。この地名は浅水川の端にも「上横沢」、「下横沢」が見える。

　辞書には「yoko」（ヨコ）「獲物を待ち構える、待ち伏せをする」と書いてある。この場合は魚ではなく鹿等のことで、あるいは熊かもしれない。鹿はアイヌ語でyuk（ユㇰ）である。場所としては浅水川水系の沢で現在の地名ではないであろう。

羽井内 ハイナイ　　　　　　　　　　　　（三戸郡新郷村）
hay・nay
ハイ・ナイ
イラクサ（蕁麻）を採る・沢

　アイヌ語地名辞典には、「pay-nay」（パイナイ）「笹の
生えた川」とある。新郷村には、羽井内沢、羽井内があ
る。「hay」（ハイ）は田村すず子辞に「麻」ともある
が、イラクサ（麻のような植物）の繊維をいう。知分類
p.263に「オオバイラクサ」p.162には「オオバイラクサ
からとった繊維」と書いてある。

クライシ
倉石　　　　　　　　　　　　（三戸郡倉石村）
kura・usi
クラ・ウシ
（熊などを獲る）仕掛弓・ある所

　アイヌ語地名辞典には、「kura-i-us-i」「熊などを獲る、
仕掛弓、us（それが沢山あるところ）」とある。倉石は
「倉石林」としてあるが字名は見つからない。倉の付く
地名は多いが、石が付いているので、前記アイヌ語辞典
の通りかもしれない。倉石村は北に十和田市、東に五戸
町、南に五戸町、西に新郷村、中央を五戸川が流れて、
川の流域に水田がある。昔は熊がいたのだろうか、高い
山とてない岡のような低山地に地形図では見える。金田
一京助は「kura」は「仕掛弓」（熊などを獲る）で、そ
れを仕掛けて置く所である、と書いている。

264

鯖石 （南津軽郡黒石市）
サバイシ

sapa・usi

サパ・ウシ

頭・所（川上、生活圏の頭）

　アイヌ語地名辞典には「sapa-usi-i」（サパウシ）「サ
パは頭。頭大の丸石が無数にあるところ」とある。
　鯖石は交通の大動脈で、東北自動車道、奥羽街道（国
道7号線）、奥羽本線、弘南鉄道大鰐線、そして平川が
流れている。有名な、世界遺産となった「白神山地」は
山塊で区分された奥羽と津軽を結ぶ文化の吹出口でもあ
る。海岸には「五能線」、太平洋側には「東北本線」が
あるが、この土地の中央を貫く動脈の中心はやはりこの
鯖石である。分水嶺は古懸だろうか。私はsapaは同感
であるが、usi-iのusi（ウシ）は「所」と訳す。川の「頭」
でもあり「生活圏」としても「頭」であったのである。

花巻 （南津軽郡黒石市）
ハナマキ

pana・mak

パナ・マㇰ

（川）下の・山手

　アイヌ語地名辞典には「pana-ma-ki」（パナマキ）「川
下の澗のあるところ」とある。この地形は浅瀬石川が丸
く蛇行している地点の段丘の山根の地名である。澗があ

るかどうかは不明である。アイヌ語で、川下を表す言葉
はpan（パン）、pa-na（パナ）、pan-i（パニ）、pan-ke（パ
ンケ）等がある。mak（マク）には「山手」、「奥」の意
味がある。

毛内^{モウナイ}　　　　　　　　　　　　　　（南津軽郡黒石市）

mo・nay

モ・ナイ

小さい・沢又は川（の所）

　アイヌ語地名辞典には「ma-o-nay」（マオナイ）「川に
続く沼の多い川」とある。地図で見る限り沼の多くある
地形には見えない。「大万平」と「上野」、又は「上野」
と「澤白」の間にある小さな沢川に名づけられた地名で
mo（モ）には「静かである」又は「小さい」の意味が
あって、nayは、沢又は川の意である。浅瀬石川の河川
の段丘の所である。

飛内^{トビナイ}　　　　　　　　　　　　　　（南津軽郡黒石市）

top-i・nay

トプ・ナイ

竹（が生えている）沢又は川

　アイヌ語地名辞典には、「tope-nay」（トペナイ）「イ
タヤカエデの生えている川」と書いてある。私は「top-i-

nay」「竹が生えている沢又は川」の意味と思う。この場合の竹は笹竹か熊笹かは現地を見ていないので不明である。地名を調べるには現地に立つことと、あまり考え過ぎず、素直に当たることが大切と思う。

袋 ^{フクロ} 　　　　　　　　　　（南津軽郡黒石市）

pukuru・pukuro

プクル・プクロ

袋（日本語のアイヌ語化）

　アイヌ語地名辞典には「pu-kor-o」（プコロ）「プ（納屋）コロ（持つそこに）」とある。この地点は中野川と浅瀬石川の合流地の小平地の地名である。この地は温泉が地図で見るだけで五ヶ所もある。

　萱野辞に「pukuru」（プクル）は「pukuro」（プクロ）で袋の意味で、田村すず子は、これは日本語がアイヌ語化したものと書いている。

　袋のつく地名は多く、東京にも池袋、沼袋などがある。大言海にも「母タル人ヲ袋ニナゾラヘテ侍ル事ハ胎中ニ其子蔵レル時、袋ノ中ニ物アル如クニテ侍レバ、メデタキ事ニ寿キテ申侍ル世」とある。また、「川と川とが落ち合う所」、「水に囲まれた土地」をいう。

毛無山 ^{ケナシヤマ} 　　　　　　　　　（南津軽郡黒石市）

kenasi

ケナシ

平らな・潅木の木原

　この地名は各所にある。浅瀬石川ダムの東側に位置する（985m）の山で、地図で見る限り頂上が平坦な山だと思う。

二双子　　　　　　　　　　　　　（南津軽郡黒石市）

ni・sos

ニ・ソシ

木・（の枝を）薄く剥いだ（所）

　アイヌ語地名辞典には「nisa-o-us-i」「木の空洞が、そこに、沢山ある」とある。この地は浪岡町に隣接する平地にある。

　田村すず子辞には「sos」は「薄い片」、「sos-i」は「一枚一枚のこと」、「soske」は「谷が両方からむけた（谷の両側の崖が崩れた）」、「soske-ewen」は「木の皮などがきれいにむけない」等とある。

「ニ」は木の意味で、sos（ソシ）は薄い木の皮の意味になる。二双子はおそらく水の便が良く、沼又は池があるのだろう。木の皮をむいた所の地名である。岩手県に「想子」の地名がある。

二庄内　　　　　　　　　　　　（南津軽郡黒石市）

nisey-e・nay

ニセイ・ナィ

川岸の崖地（を）・（流れる）川

　　この地名は各地にある。ニセイは深山にあって「川岸にかぶさるように出ている崖」、「断崖」、「絶壁」、「川岸の崖」などである。

　　岩手県にも二升内がある。同じ地形である。地図で見ると「二庄内ダム」が見える。

浅瀬石　　　　　　　　　　　　（南津軽郡黒石市）

和語

　　アイヌ語地名辞典では「ash-san-se-usi-i」（アシュウサンセウシ）を「雨が降り散るように、飛沫をとばしながら流れ下り、轟々と叫ぶ状況がいつも続いているところ」と解説している。浅瀬石は地図で見ると、浅瀬石川ダムの下流の地だろうか、温泉がいくつもある。ash（アシ）と書いて「雨」と訳している。雨はapto（アプト）又はapto-as（アプトアシ）で「雨降り」とアイヌ語の辞書にある。また「se－叫ぶ」とある。叫ぶは「hotuye」（ホトウイエ）又は「hotuyekar」（ホトウイエカゥ）と辞にある。前記のように激流を表現する言葉としてのアイヌ語はsup-or（スポル）又はsup-i（スプ）

があり、川水のさかまいている所への激湍、の意味である。私はこの地名を、アイヌ語で無理に解釈せず、浅瀬川、浅瀬石は日本語であろうと考える。

オロノム沢　　　　　　　　　（南津軽郡大鰐町）

oro・o

オロ・オ

中にある（沢）

　地形図で見ると、虹見川、オロノム沢、三ツ目内川と、やや南北に並んで北に向かって流れている。大正図では「オロロ沢」と書いている。これは「oro-o」（オロオ）で「中にある沢」の意と考える。三本の川又は沢の真中の沢である。

荷軽部（ニカルベ）　　　　　　（南津軽郡大鰐町）

ni・kar・pe

ニ・カル・ペ

木（を）・とる・所

　アイヌ語地名辞典には、「ni-kar-pe」（ニカルペ）「木を伐採するところ」とある。金田一京助も「北奥地名考」の中で同じ意味のことを書いている。ただ木といっても薪の意味に近いと思われる。

唐牛 <small>カロウシ</small>　　　　　　　　　　（南津軽郡大鰐町）

kar・us-i

カル・ウシ

（平川）が回流している・所

　アイヌ語地名辞典には、「kara-us-i」で「ハルニレの多いところ」とある。私は「kar-us-i」で「平川が回流している所」と読む。秋田県境の「久吉」から「大鰐」までの間は東北北部の「首」であり、「動脈」でもある。この区間は東北自動車道、奥羽本線、国道７号線が通る近代交通の「咽喉」でもある。

大鰐 <small>オオワニ</small>　　　　　　　　　　（南津軽郡大鰐町）

o・ane

オ・アネ

川尻（川下）・が細（狭）い

　アイヌ語地名辞典には、この地の原名といわれる「大阿子」が大鰐と変化した。「o-a-ne（オアネ）の、oは「孔」、aは「沢山である」、neは「それである」で、「温泉の湧出孔が、沢山、ある」とある。

　現在の大鰐町は大正図では「平川」を挟んで大鰐村と蔵舘村がある。大鰐は温泉地でもある。温泉マークは大正図では郵便局前の川端に一カ所であるが、現在図では四カ所あり、駅名も現在図は「おおわにおんせん」で、

大正図では「おほわに」である。さて前記辞典には「大
阿子」（オアネ）と書いてあるが、oane なら「川尻が細
い」の意味になり、虹見川の合流地点は山が川側に張り
出して狭くなっている。これを「細い」といえるかどう
か。

阿闍羅山 <ruby>阿闍羅山<rt>アジャラサン</rt></ruby>　　　　　　　　　　　　（南津軽郡大鰐町）
a・sar-i・山

ア・サラ・和語

我々が（山菜を採る）・草原（ある）・山

　アイヌ語地名辞典には、「a-sara」で「全くの湿原だ」
とある。

　阿闍羅山は709mの高地の緩勾配の高原で大鰐林檎<ruby>林檎<rt>リンゴ</rt></ruby>ゴ
ルフ場、スキー場のある場所。sara（サラ）「空いてい
る」、sar-i（サル）「アシ、ヨシ原」、sari（サリ）「葦原、
湿地」。「サリ」も「サラ」も「サル」も同じことで湿地
であったり、草原であったり、ヨシ、アシ原であった
り、一方草原を意味したりしている。

　私は、a（ア）われわれが山菜を採る、sara（サラ）
草原のある、山と訳してみた。aはanに通じて「ある」、
「いる」の意もある。

虹貝 <ruby>虹貝<rt>ニジカイ</rt></ruby>　　　　　　　　　　　　　　（南津軽郡大鰐町）
nispa・kay

ニシパ・カィ
旦那様を・おんぶして渡った川

　アイヌ語地名辞典には、「ni-shkeiはni-ush-kei」（ニ・ウシ・ケイ）「樹が無数に生えているところ」とある。
　虹貝川と島田川の合流点から1kmの下流に虹貝がある。その合流点虹貝川上流は早瀬野ダム、そのダムを越えて秋田県境点虹貝川がのびている。適当な言葉が見当たらないので、試みに「nispa-kay」（ニシパカィ）「旦那様（老人）をおんぶ」してこの川を渡ったものだ、とでも訳してみた。（虹貝という名の貝は知分類辞にも見えない。）

駒木　コマ キ　　　　　　　　　　　　　（南津軽郡大鰐町）
kom・ni
コム・ニ
柏の木又は潅木（の木原）

　アイヌ語地名辞典には、「kom」（コム）「独立の小山」「a」（ア）「坐っている」「ki」（キ）「ところ」とある。
　大鰐町から東側の「小国川」、「浅瀬石川」に越える道の端にある小集落の地名「kom-ni」（コムニ）、柏を含む潅木の生えるゆるやかな山原。

苫木 （トマキ）　　　　　　　　　　（南津軽郡大鰐町）
tomam-i・ki

トマム・キ

湿地に・茅などが生えている所

　苫木は大鰐町の平川が曲流する内側の湿地で現在水田である。苫木は「toma」（トマ）又は「tomam-i」（トマム）で湿地、木は「ki」で「茅」を含む禾科の植物が生えている所。

十和田山 （トワダヤマ）　　　　　　（南津軽郡大鰐町）
toan・watara・山

トアン・ワタラ・和語

あそこは・（ゴツゴツした）岩・山

　アイヌ語地名辞典には、「to-watara」（トーワッタラ）「岩湖」に対しこの十和田湖を小十和田湖という、とある。
　大正図には「戸和田山」と書いてある。田村すず子辞に「toan-watara」（トアン－ワッタラ）で「あそこは、岩石、角の立った岩、大きなゴロゴロした石」とある。「あそこの山は岩山だ」とでもまとめればよいのだろうか。実際は見ていないので確言は出来ない。

鳥屋森山 （トヤモリ）　　　　　　　（南津軽郡大鰐町）
to・ya・森

ト・ヤ・
沼・岸・森

　現在の早瀬野ダムの地点（オロノム沢（旧図オロロ
沢）と虹見川の合流地点）に沼があったものか、私には
「to-ya」で沼岸の森、（トヤ森）と考えられる。

女鹿澤 _{メ ガ サワ}　　　　　　　　（南津軽郡浪岡町）
mem・nay
メム・ナイ
湧き水が流れる・小川（の所）

　アイヌ語地名辞典は、「mem-ka-sawa」「泉池の上の
沢」と訳している。
　女鹿沢の地名は浪岡市街ともいうべき所にある。ここ
に沢があるだろうか。一面水田の畔である。浪岡町には
女鹿沢の近くに池沼が二十個もある。昔は沢の形もあっ
たかもしれないが現在は水田となり、水田にならない高
台には沢山の住宅がある。
　mem（メム）は「泉池」「泉沼」で湧き水のある池又
は沼をいい、mena（メナ）は「上流の細い枝川」又は
「溜り水」をいうと知里辞にはある。いずれにしても地
形が一変した所であろう。

王余魚沢　<ruby>王余魚沢<rt>カレイサワ</rt></ruby>　　　　　　　　　　（南津軽郡浪岡町）

kar・沢

カリ・和語

（道が）高巻き（回って）いる所

　アイヌ語地名辞典には、「kari-e-i-sawa」で、kari「通る」e「そこ」i「ところ」―「通る、そこのところ」で、浪岡からこの渓谷を通り入内峠を経て高田に通ずる道路があるとある。

　王余魚沢の東1kmに青森空港、その南500mに浪岡ダムがある。何故ここに浪岡ダムが出来たのだろう。もう少し下流なら「水沢」の水も利用できたのにと考えてみた。近くに「都谷森山」があるので、元は沼だったのかと気づいた。山奥の沢地に「カレイ」とは誰が名づけたのだろう。アイヌ語でkar（カリ）は回る、巻くの意。昔は沢道を通らず、山道を高巻きして山向こうの集落へ通ったのだろう。

相沢　<ruby>相沢<rt>アイサワ</rt></ruby>　　　　　　　　　　　　（南津軽郡浪岡町）

ay・沢

アィ・和語

蕁麻採る・沢

　アイヌ語地名辞典には、「ayuskina」（アユシキナ）「薊の生えている沢」とある。相沢は「正平津川」にあ

276

る。これは何度も書いたので略す。

徳才子　　　　　　　　　　　（南津軽郡浪岡町）
tuk・sar

トゥ・サラ

伸び放題になっている・葦原の湿地

　アイヌ語地名辞典には、「tokosa-us-i」（トコサウシ）「木賊が無数に生えている所」とある。木賊は乾燥して器物を磨くのに用いた。
　奥羽本線、大釈迦駅近くの大小の沼が点在する地点、大釈迦川沿いにある地名で、現在は水田が広がっている。古くは荒れたヨシ原であったと思われる。浪岡町から北方３kmの地点。

吉内　　　　　　　　　　　　（南津軽郡浪岡町）
kicise・nay

キチセ・ナイ

茅葺の家ある・川

　アイヌ語地名辞典には、「i-o-us-i-nay」「それが、そこに、沢山いる川」の意。それとは蛇、とある。
　吉内は水田地帯の山岸にある集落「キチナイ」か「ヨシナイ」か不明だが、前記辞典に従うと「kicise」（キチセ）萱葺の家と読める。「ナイ」は湯ノ沢か本郷川。水

田地帯で川は水田のための水路となりその名を変えている。

濁山 <small>ニゴリヤマ</small>　　　　　　　　　　（南津軽郡浪岡町）

nikur-i・山

ニクル・和語

（潅木）林・山

　戸（十）和田山の南隣の山で山頂はやや平坦に見える。nikur-i（ニクル）は潅木の林であろうか。

町居 <small>マチイ</small>　　　　　　　　　　（南津軽郡平賀町）

maciya・i

マチヤ・イ

町（の）・所

　アイヌ語地名辞典には、「ma-ot-i-e」「澗の多いところ、そこは」とある。

　「maciya-i」（マチヤイ）は、どうも日本語が入った言葉ではないかと考える。町居は弘前市外に近く平賀町本町の隣で、東北自動車道の側にある。

摺毛 <small>スリケ</small>　　　　　　　　　　（南津軽郡平賀町）

surku

スルク

トリカブトの根

アイヌ語地名辞典には、「surku-ke」（スルケ）「トリカブトのあるところ」とある。この地名は井戸沢に摺毛沢が合流する地点の間にある地名。トリカブトの根は矢尻に塗って獲物を捕った。

阿蘇ガ岳 (アソガタケ) （南津軽郡平賀町）

as・so・or・岳

アシ・ソ・オロ・和語

断崖・絶壁・岳

アイヌ語地名辞典には、沖館から北方の常盤にいたる平野は、古代の湖であって、その湖畔の山だから阿蘇といったのだろう、阿蘇（アソロ asoro）は底を意味するので、盆地の底に水を堪えていたころ、そのように呼んだ化石地名であろう―と書いてある。

　as（アシ）は「立っている」so（ソ）「床面」or（オロ）所。阿蘇ガ岳は大鰐町境にあって、断崖絶壁のところは大鰐町にある。

唐竹 (カラダケ) （南津軽郡平賀町）

kar・ta・ke

カラ・タ・ケ

草や木の実を収穫する・いつもそこでする・所

　アイヌ語地名辞典には、「kara及びkarは名詞であって、発火器を意味する」ta（タ）「そこに」ke（ケ）ところ「発火器を、そこで、産するところ」とある。

　唐竹は、中国から渡来した竹で笛、物干竿、生垣などに使われ寒竹とも呼ばれた。青森県では別の方言がある。この地名は弘前の近くにあり、そこは唐竹温泉もあって、唐竹川沿いの集落である。

平賀　　　　　　　　　　　　**（南津軽郡平賀町）**
ヒラ カ
pira・ka
ピラ・カ
崖の・上

　アイヌ語地名辞典には、「pira-ka」で「崖の上」とある。

　平賀町は東は十和田湖で秋田県に接し、西は弘前市に隣する。その町名が平賀町で広大な面積をもつ。いずれにしても弘前に接する地域を除き山岳の地である。特定の「点的」地名ではなく広域的崖上をいったものか。また、崖といっても断崖の意味ではなく、山岳地とでもいったものか。

田舎館　　　　　　　　　　　**（南津軽郡田舎館村）**
イナカダテ
不明

　アイヌ語地名辞典には、「i（イ）はna（ナ）について『水』」とあり、ka（カ）は「上」、この一帯の水が充ち満ちていた頃、その中の小高い丘が、i-na-ka（イナカ）である。「その丘に人が住んでいたであろう」とある。

　田舎館村は浅瀬石川が流れる水田地帯で豊かな暮らしが見える。黒石市、弘前市、そして青森市の中央に位置して、俗にいう田舎ではない。田舎の語源は調べても十余りあってこれはといったものはない。この田舎館には「稲中」が最も適したものと考える。アイヌ語にイナカはない。

大根子　　　　　　　　　　　　　　　　（南津軽郡田舎館村）

オオネコ

o・net

オ・ネッ

川下・流木（で塞がれる所）

　アイヌ語地名辞典には、「o-net-kot」（オネコ）－o（そこ）net（流木）kot（縁）netのtはkに変わり、kが重なるので、その一つが脱落して、one-kot（オネコッ）となる。「そこ、流木が渕に沈積している」とある。

　大根子を流れる浅瀬石川は上流の下目内から大根子まで川河が整備されて、川幅が広く地形図には書かれている。奥羽本線の鉄橋の下流の両岸は崖で狭く箱形の川相である。私の想像であるがこの地区は大雨のときにはし

ばしば水害のあった地域で、上流に浅瀬石ダム、庄内ダム、藤ノ湖をつくり、流域の川の幅員を広げたものではないか。ダムは水利用を兼ねて水量調整の役割を担っていたものと考える。私は「オオネコ」ではなく「オネコ」ではないかと思う。アイヌ語の単語に「オオ」はいくつもない。例えば「オオホ」は深いで、浅瀬石川の地名には不向きと思うし「オネコ」のオは「o」（オ）は川尻又は川下の意で、ここでは箱形の両岸が崖でせまくなっている所が合う。ネコは「net」（ネッ）で流木の意。狭い所に流木がつまると、水流が悪くなって水害となる「オネコ」は流木で水流を塞ぐ所と解すべきであろうか。現在は調節ダムも出来、川の幅員も広く整備されているので水害も無い豊かな土地であろうと思う。

猿賀 (サルカ)　　　　　　　　　　　　　（南津軽郡尾上町）

sar-i・ka

サリ（ル）・カ

（沼ある）湿地の・上（の集落）

　アイヌ語地名辞典には、「sar-ka」（サルカ）サル（葦原）カ（ほとり）「葦原のほとり」とある。

　sar-i(サル) 葦原、湿原、沼地、泥炭地、やぶ等の意。ka（カ）は、上、かみ、岸等の意。尾上町は弘前市の東、広大な水田地帯の只中にある。弘南鉄道「つがるおのえ」の西にある大地、猿賀神社がある沼の高台の地

名。この地に移り住んだ人々が沼の中洲に神社を建てコ
タンの守り神としたのだろうか、沼岸に広がる湿地は
「sar-i」で湿生植物が群生していたのであろう。

碇ヶ関〔イカリガセキ〕 （南津軽郡碇ヶ岡村丘）

ika・ri・seseki

イカ・リ・セセキ

溢れる様に・高い所から・温泉が湧いている

　アイヌ語地名辞典には、「i-kar-i」それを「ハルニレ」
指す、「kar」（カル）「採取する」、「i」（イ）は「とこ
ろ」の意。「ハルニレを採取するところ」とある。
　ika（イカ）には、またぐ、越える、溢れる、その上
を越す等の意がある。ri（リ）は高い、seseki（セセキ）
は温泉、まとめると「溢れるように、高い所から、温泉
が、湧き出している、所」となる。地形図で「大鰐碇ヶ
関温泉郷県立自然公園」となっている、温泉のメッカで
ある。

国吉〔クニヨシ〕 （中津軽郡弘前市）

ku・ni・usi

ク・ニ・ウシ

弓（をつくる）・木（の）・ある（所）

　アイヌ語地名辞典には「kuni-usi」（クニウシ）は

「kunit-us-i」が音韻転化した短縮形である。クニト（弓
の身）。この木を曲げて弓をつくった。和名をツリバナ
という。「ツリバナの多い所」とある。

　アイヌ語のku（ク）は、飲む、弓、ku-kotan（ク－
コタン）は私の村、またni（ニ）は、木、薪の意。usi（う
し）は、あるの意味。kuniの単語はあっても意味は全
く違う。

百田 <ruby>百<rt>モモ</rt></ruby><ruby>田<rt>タ</rt></ruby>　　　　　　　　　　　　　　　（中津軽郡弘前市）
momni・ta

モムニ・タ

流れ木・（つく）所

　アイヌ語地名辞典には「mom-o-ta」（モモタ）momは
「漂う」o（omaの復）「そこにある、田」「流水に浸され
ている泥田」とある。

　アイヌ語でmom（モム）は物が水中を流れる。mom-
ka（モムカ）は流れる、流す。momnatara（モムナタラ）
は流れる状態が続いている。弘前の北東に少し離れたと
ころに百田はある。浅瀬石川が平川に合流する地点であ
る。知里辞に「mom-ni」（モムニ）「流れ木、寄木、漂
流木」とあるが、二つの川が合流する所、春の雪解け
水、大雨の折には流木も流れつくことであろう。ta（タ）
は「所」の意味で、そうしたところの地名である。

毛無山 (ケナシヤマ)　　　　　　　　（中津軽郡弘前市）

kenasi

ケナシ

木原、林

　アイヌ語地名辞典には「kenash」（ケナシ）「多少ヤ
チ状態となっている林野」とある。この「毛無」の地名
は各所にある。青森市のところでも書いた。

船澤 (フナザワ)　　　　　　　　　　（中津軽郡弘前市）

huna・澤

フナ・（和語）

噴火灰（の）・澤

　アイヌ語地名辞典には「punensawa」（プネンサワ）
「舟をそこで引き上げる作業をする沢」とある。

独狐 (トッコ)　　　　　　　　　　　（中津軽郡弘前市）

tokom

トコム

小山（又は丘嶺）

　アイヌ語地名辞典には「tokon」（トコン）「小さい独
立峯」とある。
　知里辞には「toko」「突起させる」、「tokom」（トコ

ム）は「瘤」「小山」、「tok-hom」「（突起した）節」と
書いてある。

　地図で見ると、「獨狐」には弘前から日本海に出る道
路が通り山によって挟まれた位置に56.2mの小山があ
る。「獨狐」は長い丘嶺の上にある。

蒔苗（マカナエ）　　　　　　　　　　（中津軽郡弘前市）
不明

　アイヌ語地名辞典には「maka-nay」（マカナイ）
maka「開ける」nay「川」、「川幅が急に拡がっている（峡
谷から平野に流れ出し水が分散するからである）」とあ
る。ただし蒔苗は田園に囲まれた長い島状の所にある。
そして小川があるだけである。

　アイヌ語ではmaka-na（マカーナ）は「後の方へ」、
ey（エ）は向かうである。しかし何が後の方へ向かう
のか不明である。西は岩木山である。水の流れか、吹雪
だろうか。不明としておく。

撫子牛（ナイジョウシ）　　　　　　　（中津軽郡弘前市）
nay・cha・usi
ナイ・チャ・ウシ
（岩木川）川・岸・所

　アイヌ語地名辞典には「nay-cha-us」（ナイチャウシ）

「ヌバ、ギシギシ等が、川岸に、群生しているところ」とある。

私は「nay-cha-usi」（ナイーチャーウシ）「川岸の、所と」訳す。

現在は羽州街道が通っていて岩木川から離れているように図にはあるが、昔は岩木川畔にあったものと思う。

清野 袋 （セイノ フクロ）　　　　　　（中津軽郡弘前市）
不明

アイヌ語地名辞典には「sei-nu-pukor-o」（セイヌプコロ）「貝、豊富に、推種したように、持っている、そこに」とある。

この地名について調査してみると「知里真志保辞典」には「sey-e（セイエ）」は「貝殻」とある。田村すず子辞には「sey（セイ）①二枚貝、②ホッキ、③二枚貝の貝殻」とある。さらに知里真志保著、分類アイヌ語辞典別冊p.130には、sey（セイ）、「川の中にあり rap-sei と同形で、それより大きな底の黒い貝」とあり、nu（ヌ）は「豊漁」とある。岩木川畔にある清野袋にはこの貝があったかどうかは、知る由はない、ただ、黒い貝では関東の池や沼に「カラス貝」がいるが、岩木川に生息していたとは思えない。また清野袋附近には、図の西側にある、池や沼は見当たらない。さらに袋については、岩手、秋田、青森、の地名の語尾に、平、岱、袋、台、屋

敷、川目等々の、それより多くの言葉が使われている。
金田一京助も著書に「平」は平地の意味ばかりでなく
「高台地」も含まれると書いている。清野袋の「袋」も
和語であり、これらの仲間だと考える。それゆえアイヌ
語ではないと考える。結論として、貝の生棲の有無や、
「貝殻」と知里辞にあるように、御存知の丸山三内遺跡
に見る、貝塚であるかどうかはもう少し調べる必要があ
ると考え、今のところ不明としておく。

種市　　　　　　　　　　　　　　　（中津軽郡弘前市）
<small>タネイチ</small>
不　明

　アイヌ語地名辞典には「tanne-ichan」（タンネイチャ
ン）、「長いイチャンで、鮭鱒の産卵する水濠」とある。
　種市は岩木川の中流域よりやや川口に近い位置にあ
る。この附近の川相を知らないので何ともいえない。し
かし「市」のつく地名は各所にある。岩手県の八戸市に
近い海岸にも「種市町」があり、二戸郡の浄法寺町、安
代町の間に「目名市」がある。市がichan-i（イチャン）
とはいいがたい。地図を見ていると、弘前市街の北で岩
木川と平川とが合流して、その地点から、下流の「木
筒」附近まで、川幅が広いのに気づく。両岸は水田地帯
である。tanne（タンネ）は「長い」で、市はusi（ウシ）
で「群在、群生、群居」等と訳されるが、普通に「所」
とされる。私は、「長い○○○の所」または郡在した所、

ある所、居る所で、○○が欠落、省略されたものと考える。例えば、「para」パラ―広い…川が「mimus」（ミムシ）太る、「chep」（チェプ）魚が沢山いる、等々であろう。岩手県の種市町に電話を入れると諸説があって正確な答えは出来ないとの返事。海岸の状態を伺うと、「岩場も砂場もあるが入江はない、直線と考えてもよい」とのこと。出崎からの眺めは直線を長く感じたのだろうか。この弘前の種市も高台からの眺めは、太い大蛇のように長く感じられたのであろう。アイヌ人達は詩人である。

鬼袋 （オニフクロ）　　　　　（西津軽郡鰺ヶ沢町）

o・nip・kor

オ・ニプ・コロ

そこに（は）・流木を乾かす・所

　アイヌ語地名辞典には「o-nipu-kor-o」（オニプコロ）「そこに木造倉庫を持つ」とある。鬼の文字を当てた地名は多い。

「o」（オ）には「そこは」、「そこに」の意味があり、「nipu」（ニプ）は「拾い集めた流木を乾かすために斜めに立て掛け合わせたもの（小屋のような形になる）であるが、私は「所」、「場所がある」と考える。これは「そこは、流木を乾かす、所」であろう。鬼袋町は赤石川の両岸にあり、川岸は現在水田で川岸は堤が築かれてい

る。

舞戸 ^{マイド}　　　　　　　　　　　（西津軽郡鯵ヶ沢町）

maw・toy

マゥ・ドィ

ハマナス（実は食用）・（葉が枯れて）落ちて（いる所）

　アイヌ語地名辞典には、「mau-to」（マウト）「グミや
ハマナスの実」とある。
　鯵ヶ沢湾の南に舞戸町がある。北に面した鳴戸の海岸
にハマナスが現在も咲いているのだろうか。

牛島 ^{ウシジマ}　　　　　　　　　　　（西津軽郡鯵ヶ沢町）

uska・suma

ウシカ・スマ

（砂に）消えた・（浜の）岩場（石）

　アイヌ語地名辞典には、「usisi-oma」（ウシシオマ）、
ウシシ（鹿の蹄のあと）、オマ（そこにある）とある。
　牛島は日本海岸にある砂浜であろう。津軽半島の日本
海岸で七里長浜が南へのびた肩の部分に鯵ヶ沢湾、その
隣に湾状の海岸で赤石川川口の西にある。アイヌ語だと
昔は海岸に岩があったのが、赤石川から運ばれる土砂に
よってだんだん砂浜になり、岩が消えてしまった（砂で
埋まった所）と解くべきか。「uska」（ウシカ）は消え

る、全滅させるの意。「suma」（スマ）は石の意。「海岸の岩場が消えた所」と言うべきか。

姥袋 _{ウバブクロ}　　　　　　　　　　（西津軽郡鰺ヶ沢町）

upas・pukuru

ウパシ・プクル（和語—袋）

雪が・吹き溜る（所）

　アイヌ語地名辞典には、「uba-pu-kor-o」（ウパプコロ）「雪を大量に持つ、そこに」、吹雪が吹き寄せられて溜る所の意とある。

　姥袋は赤石川の川口から少し上流にある。「upas」（ウパシ）は雪の意で粉雪、綿雪、霙（みぞれ）にはそれぞれの言葉がある。

建石（立石）_{タテイシ}　　　　　　　　（西津軽郡鰺ヶ沢町）

tat・ni・usi

タッ・ニ・ウシ

樺（の）・木・ある所

　アイヌ語地名辞典には、「tat-e-us-i」（タテウシ）「樺の木が、そこに、沢山生えているところ」とある。

　現在は果樹と水田のある土地である。昔は樺の木があったのだろう。

種里　<ruby>種里<rt>タネサト</rt></ruby>　　（西津軽郡鰺ヶ沢町）

tane・sap（san）

タネ・サプ（サン）

今（又はすぐ）・（大水）かぶ（ってい）る（所）

　アイヌ語地名辞典には、「tanne-sat-to」（タンネ・サッ・トウ）、「長い涸れ沼」とある。

　種里は赤石川の端にある。赤石川は涸れる筈はないが川は長いので大水が出ることも多い。そのためか上流の一ッ森の上流から堰堤が築かれている。tane は、今、今すぐにの意。tane-ek-wa（タネ・エク・ワ）は「ほら来た」の意。sap（サプ）又は san（サン）は、「山手から浜手へ下る、前に出る」等の意があって、下るとは水、鉄砲水を意味し、昔は種里附近は大水をかぶった所だったのだろうか。

湯舟　<ruby>湯舟<rt>ユフネ</rt></ruby>　　（西津軽郡鰺ヶ沢町）

yukus・(to) humneani

ユクシ・（ト）フムネアニ

ヒシの実（をとる）・（沼）ある所

　アイヌ語地名辞典には、「yu-pu-ne」（ユプネ）「湯が大量に沸いているようだ」とある。

　yu は日本語の湯で日本語がアイヌ社会に入ったものと言われている。アイヌ社会では sesek-wakka（セセク

ワッカ）という。またお茶など飲む湯はusey（ウセイ）
という。湯舟町、湯舟川には温泉を示すものは見当たら
ない。湯舟川は小沼が点在する湿地を流れる川なので、
もしかしてyukus-to（ユクシト）ヒシの実をとる沼と考
えた。またはyukus-humne-ani（ユクシーフムネーアニ）
ヒシの実ある所かもしれない。

目内沢 <ruby>目内沢<rt>メナイサワ</rt></ruby> （西津軽郡鰺ヶ沢町）
mem-i・崎
メム・和語
清水が湧いている・出崎

　アイヌ語地名辞典には、「mena-nai-sawa」（メナイサ
ワ）「小沼から流れ出る川」とある。
　南金沢町の赤石川沿いに目内崎がある。知里辞に
menaは「上流の細い枝川」とし別に「溜り水」と書い
てある。目内崎は赤石川河川敷の山手の地名で、
「mem-i」（メム）「清水が湧き出ている出崎のところ」
と考える。

然ヶ岳 <ruby>然ヶ岳<rt>シカリガダケ</rt></ruby> （西津軽郡鰺ヶ沢町）
sikari・ヶ岳
シカリ・和語
（沢が）回流する・岳

　アイヌ語地名辞典には、「shi-kari」（シカリ）「大きく回る」とある。また「si-kari」（シカリ）には回る、迂回する、回流するの意味がある。この山は730m、独立峰ともいえる山で、赤石川、赤沢、恩愛沢が山裾を流れることからsikariと名付けられたものか。

大童子（小童子）　　　　　　（西津軽郡深浦町）
tosir
トシリ
川岸の崖

　アイヌ語地名辞典には、「oto-us-i」（オトウシ）──（mpuy-kina）「クサノオウが無数に生えたところ」、クサノオウは肛門病の薬草として利用された、とある。
　小童子川、大童子川、大童子と関連地名がある。tosir（トシリ）又はtoska（トシカ）で「川岸が懸崖状になっている」「川岸の岸壁が削られ、上部がひさしになっている」、そのような川相の地名で、地形図では小童子川の方が崖が多くある。大小あるので区分称で略される。

逆川・逆川山　　　　　　　　（西津軽郡深浦町）
horka・pet
ホルカ・ペッ
後戻りする・川（沢）

逆川は追良瀬川の支流で追良瀬川は日本海に注ぎ深浦町の西にある。この山は須立山の東から南へとのぼる。水源は白神山地の秋田県境にある。須立山から南へ向い白神山の中程から逆川は北へとのぼる川であることから「逆川」と名付けられた。本流は南へ下るのに逆川は北へとのぼる。そのことが「後戻りする川」の語源なのである。

安東浦 <ruby>安東浦<rt>アントウウラ</rt></ruby>　　　　　　　　　　（西津軽郡深浦町）

aw/awe・to

アゥ/アウェ・トー

川が股になって注ぐ・海

アイヌ語地名辞典には、「深浦の旧称」行合崎と入り前崎とに抱かれた湾で、湾の中央に小岬が突出し、東浦と西浦（深浦）との二小湾に分つ。津軽為信統一後、深浦という、五輪塔婆数十基あり、中には康平二年（1059）のものもある。湖状の湾を、au-to（アウトウ）という。安東は、アウトウの当て字である。

aw/awe（アゥ/アウェ）は「木の股」「川の股」「鹿の角」など二股や三股に太く分かれたものをいう。海もto（ト）という。

追良瀬川 <ruby>追良瀬川<rt>オイラ セ ガワ</rt></ruby>　　　　　　　　　（西津軽郡深浦町）

o・i-ramante・se・川

オ・イーラマンテ・セ・和語

そこで・狩、猟、漁をして・背負って・（帰る）川

　　アイヌ語地名辞典には、「o-i-ran-se」（オイランセ）o「そこに」i-ran「それが走る―水が急流となっている」se「叫ぶ」とある。

　　十和田湖から発する奥入瀬川は和語であろう、アイヌの考える川は「海からのぼり山奥に入るもの」という形をとっている。この追良瀬川の語呂合わせになるが「o」（オ）そこで、「i-ramante」（イラマンテ）、狩、猟、漁をして、「se」（セ）背負って帰る川とでも訳してみる。

久六島（ルビ：キュウロクジマ）　　　　　　　**（西津軽郡深浦町）**

kewrototke・島

ケゥロトッケ・和語

響く・響きわたる・島

　　アイヌ語地名辞典には、「keurot-ke」（ケゥロッケ）「海波がこれに激して、轟々と鳴るからこの地名がある」とある。

　　萱野茂辞を参考にすると、カムイ・エク・フム・ケゥトロッケは「神がやって来る音が響き渡る」と書いてある。

舮作崎 ^{ヘ ナシサキ}　　　　　　　　　　（西津軽郡深浦町）

he・ナシ

へ・和語

頭・無し

　アイヌ語地名辞典には、「pena-us-i」（ペナウシ）pena
は硫質物を含んだ水、us-iは多い所とある。地形図で見
ると日本海に突き出た半島状の先端にある舮作崎は海岸
に小島が点在し、荒磯があって5〜6mの崖地が続いて
いる。「ヘナシ」の駅の崖を下りると小さい港（漁港）
がある。私はpenake（ペナケ）で「川上の方」「山寄り
の方」と考えたが、地名を調べてみると、毛無、頭無、
等の地名が多くある。舮作は、「頭無」の地名と同類に
思えて来る。へはheで頭の意味である。地形図で見る
と駅や学校や住宅のある場所で、幅員は五百m直ぐ山に
なり、その山は170〜180m位でやや起伏はあるものの、
山というより大地が広がっているといった方がいい。い
いかえると山としては頭がない。頭無しで、heはアイ
ヌ語の頭、ナシは無しと考える。

石動 ^{イスルギ}　　　　　　　　　　　（西津軽郡深浦町）

i・surku・kina

イ・ス_ルク・キナ

それ・トリカブト・草

　トリカブトの根は猛毒で大形動物を捕る毒矢に使われた。

茶臼山 _{チャウスヤマ}　　　　　　　　　　（西津軽郡深浦町）
cha・nup

チャ・ヌプ

我等・あてにする山（頼りにする山）

　アイヌ語地名辞典には、「cha-us」（チャウス）「潅木が無数に生えている山」とある。茶臼山、茶臼岳の山名は非常に多くある。これらの多くはその地方の主峰格の山でchieyanu（チエヤヌ）「我等、あてにする、者（山）」の意で、例えば茶臼山はどこからも見えて、雲がかかると雨になるとか、傘雲だとなんとか、天候のあてにする山で、アイヌ語でchanup（チャヌプ）又はcha-usi（チャウシ）「われらが頼りにしている所（山）」の意と思う。

車力 _{シャリキ}　　　　　　　　　　（西津軽郡車力町）
sari・ki

サリ・キ

葦原・の茅（鬼茅）

　アイヌ語地名辞典には、「sa-riki」（シャリキ）sar-をシャルと発音したのである。リキ（高い所）「葦が高い

所に生えている」の意、高い所とは砂丘である、とある。

　車力村は十三湖の南で岩木川と日本海に挟まれた低湿地帯にある。人々は岩木川沼に住み日本海側は人の住んでいない荒地である。

富萢　トミヤチ　　　　　　　　　　　（西津軽郡車力町）
toman・萢
トマム・和語
湿地、萢・湿地、谷地

　アイヌ語地名辞典には、「tomau-yachi」（トマウヤチ）「泥のたまったやち」とある。tomam（トマム）は湿地、沼地、泥炭地をいう。萢は日本語で同じ意味で、アイヌ語と日本語が同じ意味で抱合した地名。

牛潟　ウシガタ　　　　　　　　　　　（西津軽郡車力町）
usis・潟・池
ウシシ・形・イケ
蹄（の）・形（をした）・池

　アイヌ語地名辞典には、「ush」（牛）「湾」湾口が沖積されて沼となり、その後その沼も沖積された、とある。

　地形図には「牛潟池」となっている。「usis」（ウシ

ｼ）は「ひづめ、蹄」の意で湾口が沖積したとするには、海までは２kmもあることからして何千年も以前の話にならないか。地形図ではなるほど蹄の形に見える沼である。

田光沼 <small>タ ピカヌマ</small>　　　　　　　　　（西津軽郡車力町）

ta・pikata・沼

タ・ピカタ・和語

ここ・西南の風（が吹く）・沼

アイヌ語地名辞典には、「ta-pe-ika」（タペイカ）「そこに、岩木山から流れ下った硫黄水が溢れ溜まった湖」とある。

岩木川の西を平行して流れる山田川の貯水のような田光沼がある。西に日本海４kmの地点にあって「しけ風」が吹く所だと思う。南西といってもほとんど南３km足らずの所に木造町の有名な「亀ヶ岡」がある。私も縄文土器を見るため訪ねた土地である。この地方は沼のオンパレードである。

菰槌 <small>コモツチ</small>　　　　　　　　　　（西津軽郡車力町）

komni・tossei

コムニ・トシセイ

灌木（が生えている）小高い丘

　アイヌ語地名辞典には、「kochi-to-chi」（コチトチ）コチトウ（河跡湖）河道が変わったため、旧河道の深いところが湖となっているものを指す、チ（多い）とある。

　木造町は日本海に面した約半分は沼のある湿地で残りは水田（美田）でその丘（岡）に亀ヶ岡遺跡が有名で、私も訪ねた際の印象からそう考える。

フクハラ
福原　　　　　　　　　　　　　（西津軽郡木造町）
pukusa・原
プクサ・和語
ギョウジャニンニク・（生えている）原

　アイヌ語地名辞典には、「puku, pukusa」（プクサ）「ギョウジャニンニク生えている原」とある。

　地形図では水田の中にある「島」状の岡で小さい。古くは原だったかもしれない。プクサは低湿地に生えるのかどうか、私は知らない。「このギョウジャニンニクは、旭川ではkito（キト）という」とアイヌ語の辞書に書いてある。和名「祈祷ぴる」ともいう。美幌ではmukusa（ムクサ）ともいう。pukusa-kina（プクサ・キナ）の「キナ」は食用薬用等の役に立つものをkinaといい、他はmun（ムン）である。そのほか、オハウキナ、イッポンナ等（汁用山菜）ともいわれる。

木造　　　　　　　　　　　　（西津軽郡木造町）

ki・tukno

キ・ドゥクノ

茅（が）・良く育つ（所）

　　アイヌ語地名辞典には、「kito-kor-i」（キトコリ）（ギョウジャニンニクのある所）とある。

　　kor（コリまたはコル）で蕗の意。蕗のある所はkorpas（コリパシ）で、「蕗のたくさん生えている」となる。同じ木造町で福原は「プクサ」で木造町の「木造」はkitoというのは不自然に思う。木造のキはki（キ）で「鬼茅」のことと考え、ツクリは和語か、又はtukno（トゥクノ）で「良く伸びる」「おがりやすい」「育つ」所と考える。アイヌ語に「ツ」音はない。また地形からもそう考えられる。

相野　　　　　　　　　　　　（西津軽郡森田村）

hay・野（アイヌ語nup［ヌプ］）

ハイ・和語

蕁麻・生えている（所）

　　アイヌ語地名辞典には、「aynu-kina」（アイキナ）、「（ヤブタバコ）の生えているところ」の意とある。

　　これは二つの考え方がある。aynu（アイヌ）で、人又は男であり、もう一つはhay-kina（ハイキナ）はイラ

クサのことをいい、野は和語、この地名は多い。相野々、合野々はアイヌ人の居住する野と解し、藍野、等は「ハイ」でイラクサと解している。金田一京助は藍野も相野も相沢も「イラクサ」と考え、衣類にするセンイを採る草、「麻」とも解している。森田村の「上相野」、「下相野」も水田に囲まれた台地である。古くは蕁麻の生えていた所だろうか。

十腰内　　　　　　　　　　（北津軽郡五所川原市）
トコシナイ

to・kus-i・nay

ト・クシ・ナィ

沼、湖、池・対岸（の）・川（の所）

　アイヌ語地名辞典には「tokukushisih-nay」（トクシシナイ）「アメマスの多い川」とある。
　五万分の一図（五所川原）を見ると湖、池、沼は数え切れない程といっても過言でない程の数がある。「十腰内」、「十面沢」は地図の中程にある。木造町に亀ヶ岡遺跡を訪ねた折に通って湖沼の多いことは知っていたが、地図で見ると、母なる岩木山の伏流水が露出し豊穣な津軽平野をうるおしていることを知る。十腰内には川らしい川は見えない。アメマスについては知里真志保著作集別巻、植物、動物編分類アイヌ語辞典によると、「tukusis」（ドクシシ）と出ている。しかし私はアメマスとは思えない。

十面沢 ^{トツラサワ}　　　　　　　　（北津軽郡五所川原市）

to・tura・沢

トゥ・トゥラ・

池（沼）が二つ・連れだって、いる所

　アイヌ語地名辞典には「to-tura-sawa」（トツラサハ）「河道が変ったため、深いところが河跡湖となり、それが列をなしている沢」とある。

　「十腰内」のところにも書いたが、この地方は岩木山の伏流水が露出して湖沼は数知れずといいたい程であるが、十面沢の側に「砂澤地」と並んで池があり、回堰大溜池と並んで沼がある。そうしたことから名づけられた地名であろう。tuは「二つの」「二個の」「二人の」の意味で、turaには「同伴する」「一緒に」「連れだって」の意味がある。まとめると「池（沼）が二つ並んである所」の地名と考えられる。

戸沢 ^{トザワ}　　　　　　　　　　（北津軽郡五所川原市）

to・沢

ト・サワ

池（大溜池）・（和語）にそそぐ沢の地

　地図で見ると「大溜池」があり、それにそそぐ沢の所の地名。

原子　ハラコ　　　　　（北津軽郡五所川原市）
para・kot

パラ・コッ

広い・窪地

　原子には背中合わせに二つの池（沼）がある。大正元年図では水田はないが、現在はどうであろう。涵気の地のように思われるがどうであろうか。

高野　コウヤ　　　　　（北津軽郡五所川原市）
u-kot・ya

ウ・コッ・ヤ

（川が）合流する・（陸）岸（ところ）

　地名辞典には「kot-ya」（コッヤ）「窪地の岸」とある。また「moto-kotan」（モトコタン）「土着の者の村」とも書いてある。

　私の生地岩手県一戸町にも小鳥谷（コズヤ）があって、かつて窪地の岸と訳したが後に気づいて、今は冷汗をかいている。高野は前田野目川と下石川の合流地点にあり、川は新十川に名を変える。

　知里辞には「ukot」（ウコッ）「交尾する、二つの川が合流して一つになっているのをいう」とある。u（互）kot（に付く）で、ya（ヤ）は沖に対する陸の意味で、「岸」になる。

梅田 （ウメダ）　　　　　　　　（北津軽郡五所川原市）

mem-i・ta

メム・タ

泉池・（の所）

　梅の木の多い所かも知れない。しかしアイヌ語で解くと「mem-i-ta」となり、泉池、泉沼、清水が湧いて出来ている池又は沼の所となる。この地方は、母なる岩木山の恵みの水で湧水地が至る所にある地方である。

藍内 （アイナイ）　　　　　　　（北津軽郡五所川原市）

hay・nay

ハイ・ナイ

イラクサ（蕁麻）が生えている・沢

　アイヌ語地名辞典には「ayuskina」（アイウシキナ）で「アザミの生えている川」とある。
　地図でこの地名を探したが見つからない。電話で市役所にたずねたら、五所川原市にはないとの返事でした。金田一博士の「東北地名考」のなかで、相内、藍内は、蕁麻沢と書いて「アイナイ」と振り仮名をしている。これは「イラクサ」の生えている沢又は川の地名だと思う。「イラクサ」（刺草、蕁麻）はイラ草科の多年草で茎と葉に毒液を含む刺があり、触れると痛い。若芽は食用になる。また成熟した茎から繊維をとり織物に用いたと

書かれている。またイラクサは麻のような植物ともある。

姥萢（ウバヤチ）　　　　　　（北津軽郡五所川原市）

upas・萢

ウパシ・ヤチ

雪（の溜まる）・萢

　ヤチは「yatchi」（ヤッチ）で辞書には「泥」と訳されている。萢は谷地とも谷戸とも書かれるが、アイヌ語に入った和語ともいわれている。

相内（アイウチ）　　　　　　　（北津軽郡市浦村）

ay・nay

アィ・ナイ

蕁麻を採る・川

　アイヌ語地名辞典には、「ay-chi」「アザミの多い所」とある。

　この場合のay（アィ）は蕁麻（イラクサ）をいったもので、ナイは川の意であろう。市浦村では「アイウチ」と発音しているのであろうか、相内川が十三湖に入る陸の地名で、川名が地名になったものと考える。

十三湊　<small>（ト サ ミ ナト）</small>　　　　　　（北津軽郡市浦村）

to・sam

ト・サム

湖・（の）傍

　アイヌ語地名辞典には、「to-sam」（トーサム）「湖の傍」の意とある。この傍とは岸の意で集落のあった場所の地名である。

相内川　<small>（アイウチカワ）</small>　　　　　　（北津軽郡市浦村）

ay・nay・川

アィ・ナィ・和語

蕁麻を採る・川・川

　アイヌ語地名辞典には、「アザミの生えている沢又は川」とある。相内のところと同じことである。

喜来市（良）　<small>（キ ライイチ）</small>　　　　（北津軽郡金木町）

kraw・us

キラゥ・ウシ

角のある容器・ある（所）

　アイヌ語地名辞典には、「kiray-chi」（キライ・イチ）「櫛を作るに用いるミヤマガマズミが沢山生えているところ」とある。

　私は青森でタクシーをチャーターして木造町の亀ヶ岡遺跡や十三湊、竜飛崎を経て今別、蟹田を通り青森に帰ったことがある。覚えはないがこの金木町を通ったのだろう。「kirawus」はkiraw-us（キラゥウシ）で「角・そこについている」、「容器の角のような形の突起がついている」と田村すず子辞にある。これは縄文土器の、亀ヶ岡式土器で有名な木造町の隣にある。金木町に喜良市があるのは何の不思議もない。「市」は現在の行政区域ではなく、アイヌ語の「ウシ」に市を当て字したものである。

更生 <ruby>サラ<rt></rt></ruby>キ　　　　　　　　（北津軽郡金木町）

sar・ki

サㇻ・キ

湿原・稈

　アイヌ語地名辞典には、「sar-a-pu」（サラプ）「ヨシで葺いた、それの倉庫」とある。
　倉庫も茅葺きであろうが、この場合自然の状態を地名としたものであろう。建物ならchise（チセ）家が付くのであろう。

褧内（母衣内）<ruby>ホロナイ<rt></rt></ruby>　　　　　（北津軽郡小泊村）

poro・nay

ポロ・ナイ

大きい・川

　アイヌ語地名辞典には、「poro-nay」（ポロナイ）「親川の意」と書く。

「poro-nay」（ポロナイ）は「大きい川」の意だが、小泊村では冬部川、小泊川の方が大きい。親川とは二つ並んで流れる揚合に大きい川に名付けられたものであろう。辞に「poronno」（ポロンノ）は「たくさん、どっさり」の意で、あるいは魚（食糧）が沢山のぼる、いる川のことかもしれない。ここでは「大きい川」としておく。竜飛崎北端としては大きい方だから。

折戸（オリト）　　　　　　　　　　**（北津軽郡小泊村）**

ori・to

オリ・ト

（急）坂（の）・所（あそこは）

　アイヌ語地名辞典には、「orito」「海岸に生じた中膨れした潟湖である」とある。日本海岸の小集落の地名。小泊に行く道は現在三本ある。大正図でも同じだが脇元から行くと一番近いが坂道は急らしい。ori（オリ）は、「坂」:「丘」の意で、to（ト）には「ほらあそこ」の意があって、私は「所」の意味もあると考える。

310

安東 　　　　　　　　　　（北津軽郡小泊村）
au・to
アウ・トウ
股（になっている）・湖

　歴史に有名な安東水軍の根拠地は十三湊と言われているが、その安東はアイヌ語でau-to（アウトウ）といい、auは股の意でtoは湖の意、「股になっている湖」と訳されている。十三湖は安東浦とも呼ばれている。

安方 　　　　　　　　　　（東津軽郡青森市）
yas・ka・ta
ヤシ・カ・タ
（魚）網・…上・そこ（に干す所）

　「ya・skata」（ヤスカタ）ya（ヤ）「網」、us（ウシ）「多くある」、kata（カタ）「上の方に干してある」の意。

左堰 　　　　　　　　　　（東津軽郡青森市）
pitar・sep・ki
ピタル・セプ・キ
川原・広い・葦原

　「pitar-sep-ki」（ピタル・セプ・キ）ピタル（河原）セプ（広い）キ（所）とアイヌ語地名辞典にある。私は純

日本語と考えるが、一応アイヌ語として考えてみると、上の表記の意味があるのではないかと考える。

原別 ハラベツ 　　　　　　　　　　　　（東津軽郡青森市）

para・pet

パラ・ペッ

ひろい・川

「parapet」「河面が拡がった川」（砂礫に埋まって河床が浅くなった）

横内 ヨコウチ 　　　　　　　　　　　　（東津軽郡青森市）

yoko・nay

ヨコ・ナイ

弓や槍を持って獲物の出てくるのを待つ・川

「yoko-nay」　槍を持って魚を狙う川。

安田 ヤスタ 　　　　　　　　　　　　（東津軽郡青森市）

yas・ka・ta

ヤシ・カ・タ

（魚）網・…上・そこ（に干す所）

「ya-us-ta」（ヤ・ウシ・タ）「網が沢山乾してある」

孫内　　　　　　　　　　　　（東津軽郡青森市）
（マゴナイ）

mo・okko・nay

モ・オッコ・ナイ

小さな・（女）友達・川

「no-okko-nay」（モオコナイ）「小さい友達川」、川が二つ大きさも同じ位が流れているところ。

入内—入内川　　　　　　　　（東津軽郡青森市）
（ニュウナイ）（ニュウナイカワ）

ni・pu・nay

ニ・プ・ナイ

森内の川端に立てて冷凍鮭を貯えておく倉（林・倉）

「ni-pu-nay」山中の水辺に建てた凍鮭などを貯えて置く倉庫「ニプの建っている川」とアイヌ語地名辞典にある。

　金田一京助のアイヌ語辞典には「東・南津軽郡界の入内が若しni-o-nayであったら、中津軽の乳井のニと同じく、このニは木であって（木のある沢）—（薪を採る沢）であろう」とある。また倉であったのなら熊に盗まれないような頑丈なものであろうと考える。

鶴ヶ坂　　　　　　　　　　　（東津軽郡青森市）
（ツル）（サカ）

turu・坂

ツル（ドル）・サカ

温泉・(和語)

　アイヌ語辞典には「turu」(ツル)「濁った硫黄泉」とある。しかしturuとは、どの辞書にもない。アイヌ語に温泉という言葉はないと考える。yu(ゆ)は日本人と交じって使ったものとされる。お湯としてusey(ウセイ)があり、湯気はpaa(パーア)なのである。turu(ツル)は温泉とは思われないが、辞書には「tur(トゥル)」垢の意味で、萱野茂辞には「tur-us」(ドルシ)汚れる―汚い―垢、ごみ、泥のついた、等と書いてある。温泉の湯花を汚いとか垢とか表現したとも言えなくはないので、アイヌ語辞典に従うことにする。

戸崎〔トザキ〕　　　　　　　　　(東津軽郡青森市)
to・sat
ド・サッ
沼・水が涸れている、乾いている

　地図で見ると、二つの沼の側に小山が見える、これを沼崎としてto「沼」崎としたのかも知れないと考えてもみる。

土筆森山〔ツクシモリヤマ〕　　　　　　　　　(東津軽郡青森市)
tuk・hi
ドゥ・ヒ

（山の）走り根の所

アイヌ語地名辞典には「tuk-us-mori」「突き立った
（岩石）の多い小山」と説明している。アイヌ語の言語
には「ツ」という音はない。さらに「モリは小山の義で
森林の意味ではない」とある。土筆森山（227m）の他
源八森（353m）魔ノ岳（466m）馬ノ神山（549m）な
どがある。私はtuk-hi（ドッヒ）「山の走り根の所」と
考える。森山は和語と思われる。地図で見ると、この山
の走り根は白旗野や戸門に続いている。

戸門 トカド　　　　　　　　　　　　（東津軽郡青森市）
tomam-i
トマム
湿地、泥炭地、沼地

アイヌ語地名辞典ではtomau-on－沼地でonは「水が
涸れること」として「涸れ沼」としている。地図で見る
と戸崎が見えるが「戸門」はない。地図で見るとこの地
方に限らず青森は湖沼が多い。恐らくは八甲田山の広い
山頂の伏流水が露出して出来たものであろうか。私は
tomam-iとして、「湿地」、「泥炭地」、「沼地」と解した
い。なお単純に考えるなら、トはto（沼）であるから
「沼の入り口」の所とも考えられる。門は和語。

浅虫　　　　　　　　　　　　（東津軽郡青森市）
<small>アサムシ</small>

a・sam・us・i

ア・サム・ウシ・イ

底（の方から温泉が湧き出る）湾

　知里辞には「asam」（アサム）は「底（湾、入江、沼、洞窟などの）奥」と書いてある。「us-i」（ウシ）は入江：湾とある。

　a-sam-us-iだけでは温泉の意味はないが、ここは温泉地であることは周知の通りである。

青森　　　　　　　　　　　　（東津軽郡青森市）
<small>アオモリ</small>

aw・moy

アゥ・モイ

股になっている・湾

　青森の地名の由来について、いくつもの古文や諸説があるようである。これは青森に限ったものではなく、各所各地にそれぞれの説が存在する訳で、いちいち反論しても始まらない。また青森市は南部領が津軽領かについても語説があって文献もいろいろあるようである。アイヌ語地名辞典には「aw-moy」（アウモイ）で「又（股）になっている湾の意味である」と書いている。

　知里辞には「aw」（アゥ）は①「木や鹿角の枝―川でいえば枝川」と書いてある。「moy」（モイ）「波静かな

海―浦―入江」と訳している。いいかえると湾の意味と解される。青森湾と野辺地は湾ではないが入江になって股状をなしている。

烏頭　　　　　　　　　　　　（東津軽郡青森市）
u・to
ウ・トゥ
お互い（の）・沼

　善知鳥（ウトウ）とも書いて「沼のある場所」とアイヌ語地名辞典にある。「u（ウ）は接頭語として場所を示す」とあるが、わざわざuを入れるからには何か意味があると考える。
　u（ウ）にはおたがい（が、の、に、を）の意味があって、私は共通の目的のある、「お互いの沼」と考える。

奥内　　　　　　　　　　　　（東津軽郡青森市）
o・kot・nay
オ・コッ・ナィ
沢尻の・窪地を流れる・川（の所）

　アイヌ語地名辞典では「okko-nay」（オッコナイ）「友達川。大きさの等しい二つの川が一つになって海に注ぐ川」としている。

　　知里辞には「okot」（オコッ）「沢（尻・谷)」とある。
私は表記のように解釈した。

三内 サンナイ　　　　　　　　　　　　（東津軽郡青森市）

san・nay

サン・ナィ

（大水が）流れ出る・川

　　三内は縄文遺跡の発見で有名な所である。大正元年測
図を見ると、三内・大三内・小三内、があり中央を流れ
るのは沖舘川、この周囲に沼が四つある。アイヌ語辞典
では「鹿がおりて来る」と訳している。san（サン）と
は山から浜へ出る、後から前へ出る、等々であるが、
nayは川で、川が出るとは水で、この場合は大水がとき
どき出る川の意味と考える。現在は東北自動車の終点の
インターがあり、自衛隊演習場との間に流れる沖舘川が
ある。沖舘の沖にはいろいろあるが、「遠い」の意味が
あって、長い川ではないが、ときどき鉄砲水が出る川
だったと思われる。

大別内 オオベツナイ　　　　　　　　　　（東津軽郡青森市）

o・pet・nay

オ・ペッ・ナィ

尻の方（川下）で・川が・合流している（所）

　アイヌ語地名辞典にはop（オブ）「根曲り竹」ei「そこに」tu（ツゥ）「多い」nay（ナイ）「川」とある。ペッもナィも川の意で「大」は和語とすると、大きい川と訳されそうである。さらにop-e-tu-nayが音韻転化してop-e-tuとなったと解説している。o-petは知里辞ではo（オ）は「尻、陰部」、pet（ペッ）は「川」、nayも「川」の意である。opは槍又は槍等の柄の意味で、根曲り竹は出て来ない。また青森市に根曲り竹が群生していたとは考えられない。

櫛ケ峰 ^{クシ ガ ミネ}　　　　　　　　（東津軽郡青森市）
kushi

クシ

越える

　南八甲田山の中心は櫛ケ峰（1517m）である。黒石市から中野川を遡り、荒川の水源を越え青森方面に達することが出来る。

瀬戸子 ^{セト シ}　　　　　　　　　（東津軽郡青森市）
set・o・us・i

セト・ウシ

鳥の巣・多い所

　set（セッ）鳥の巣、usi（ウシ）群在一（多い）。語

尾にusiのつく地名が多い。従来これをそのまま「所」
として訳していた。それでは地名の原義がつかまえられ
ないので、一応、usiを分解して原義を考える必要があ
る。地名＋usiの場合「…がそこに群生（生居）する・
所」としなければならない。動詞＋usiの場合「…す
る・のが習いである・所」とすべきと考える。

八甲田山　　　　　　　　　　　（東津軽郡青森市）
（ハッコウダサン）

yan・ko・on・(kamuy)

ヤン・コ・オン・（カムィ）

神様海から来て、両手を合わせて礼拝する、山

　アイヌ語地名辞典によれば、北八甲田には九座、南八
甲田山には七座の瘤状火山が噴出している。現在も有毒
ガスの噴出がある、「東奥沿海日誌」「津軽年代記」「津
軽一統志」等に、「高太の岳」「糠壇の岳」等の名称があ
る。「八甲田は八つの峰がある」と書いてはあるが、一
千mを超える山は九座もあって数が合わないとも書いて
いる。この山を一言のアイヌ語で解くには余りにも大き
過ぎる。

「yachi-kom-ta-un」（ヤチ－コム－ターウン）「谷地・
瘤・そこに・ある―山」と書いてある。

　八甲田山とは独立単体の山ではなく、多くの山塊の総
称で、私は岩木山のようにkamuy-iwa-ki（カムィ・イ
ワ・キ）「神様が居られる・山」yan-ko-on-kamuy「（神

様が）海から陸に来られ、両手を差出し、すり合せ、拝礼する山」と訳してみた。八甲田山塊は、田茂范岳、前嶽（1252m）、石倉岳（1202m）、赤倉岳（1548m）、井戸岳（1550m）、大岳（1584m）、小岳（1478m）、高田大岳（1552m）、硫黄岳（1360m）、雛岳（1240m）、酸ヶ湯（1360m）、南股山（906m）等である。

◎田茂范岳—日本語、和名ドロの木が群生する范気の山　◎酸ヵ湯岳—日本語、釜伏山ともいい煮ているように沸騰している流黄泉ある山　◎赤倉岳—日本語、火口湖ある山　◎石倉岳—日本語　◎前嶽—日本語　◎大岳—日本語　◎小岳—日本語　◎井戸岳　etu（エト）—アイヌ語で鼻の意で岬のように突き出ている山　◎高田大岳—日本語　◎南股山—日本語

多宇末井（善知鳥前）　　　　　（東津軽郡青森市）

utur・u

ウドル

（崖下の、海との）間の道

　アイヌ語地名辞典には、「東鑑に外が浜（青森附近）と糠部との境に多宇末井あり」とある。多宇末井は善知鳥前ut-oma-iで「小骨のような小川のある所」とある。また津軽紀聞には「善知鳥前は、海中へさしでたる岩山の下の路なり」と記す。

　地図で見ると「善知鳥崎」は浅虫温泉から少し青森市

に寄った出崎である。はたしてこの地に小川が少なくとも三本以上あるのだろうか。青森の遺跡を訪ねた折に浅虫温泉に宿泊したが、記憶にはない。

　知里辞に「utur-u」（ウドル）、意味は「間」になる。また津軽紀聞には「善知鳥前は、海中へさしでたる岩山の下の路なり」とあり、崖下の海との「間」の道を地名としたと考える。

イナヨシ
稲吉　　　　　　　　　　　　　　（上北郡十和田市）
inaw・wsi
イナゥ・ウシ
幣場・（の）所又は場所

　アイヌ語地名辞典には、「inaw-i-ot-i」（イナウ）「（木幣）それが沢山立ててある、所」とある。

マンナイ
万内　　　　　　　　　　　　　　（上北郡十和田市）
mantari
マンタリ
前掛（のような水田の所）

　この地は古図で見ると川添の土地が挟まっていて、段々の水田が見える。アイヌ語地名辞典には「獺川」としているが獺ノ沢は西隣にある。「マン」の単語は見当たらない。田村すず子辞典に「mantari」（マンタリ）

で、「前掛」とある。古図で見ると段々の水田があることから、「前掛のような水田のある所」とされたものかもしれないと考えてみた。自信はない。

切田 キリダ　　　　　　　　　　（上北郡十和田市）
kir・etu
キレド
山崎（出先）

　切田は切田と下切田があり、下切田は奥瀬川畔にあり、切田は下切田の南西にある。アイヌ語辞典では「kiri-ta」「鮭、鱒の産卵濠がそこに（ある）」とある。知里辞には鮭鱒の産卵するほりのあるところは「ichan-un」（イチャヌニ）とある。大正二年の地図で見ると、奥瀬川を挟んで向切田もある。これは知里辞にある「kir-etu」（キレド）で「山崎」山の出崎のことであろう。地図にはそれぞれ尾根の出崎がある。

牛鍵 ウシカギ　　　　　　　　　　（上北郡十和田市）
upas・kaki－kar
ウパシ・カキ－カ_ラ
（防）雪・垣—（冬の防風垣）

　アイヌ語地名辞典では「ushi-ka-kei」（ウシシカキ）ushi「鹿の蹄」、ka「地上」kei「所」「鹿の蹄のあとが、

地上についている所」とある。

　鹿はyuk-i（ユㇰ）である。「牛鍵」は小川原湖を通して西風（ナライ）、冬の季節風で強い風が吹きつける所だと考える。二つの川の合流点にある。砂土路川で、この川に添って風は大浦山、有信山、立崎へと吹きつける。私はupas（ウパㇱ）「雪」kaki（カキ）「（冬は風よけのため、萱で囲う）垣」「kart（カㇻ）「垣をつくる」と読む。

羽立　　　　　　　　　　　　　　　（上北郡十和田市）
ハ　ダチ

pa・tay

パ・タイ

（原）端（の）・木原（の所）

　アイヌ語地名辞典には「pa-ta-chi」（パタチ）「蒸気が、そこに、沢山、立上っている」とある。この地名は秋田県に多く、青森県に少なく、岩手県では見当たらない。地図で見ると、平地の端に多く、山又は段丘の根元又は、ふち（縁）に多い。亡妻の旧姓は羽立で、「ハダテ」と読んでいた。十和田市には「上羽立」「下羽立」がある。地図で見ると、小さい台地にある。アイヌ語のpaの単語には、「頭」「崎」「かみ（上）」「縁」「川岸」「端」等の意味。またtat-i（タッ）は、「樺皮」「樺ノ木」の意味であるが、私は樹種を断定するのではなく、tay（タイ）は林、森、川のそばの木原で「原端の木原」と

324

考えてみた。羽立のほか「派立」の当て字もある。

洞内 ^{ホラナイ}　　　　　　　　（上北郡十和田市）

poro・nay-po

ポロ・ナイーポ

広い（草地を流れる）・小川

　洞内は二つの小さい川に挟まれた湿地と思われるところと考える。

　アイヌ語でporoは大きい又は広いで、北海道の札幌は乾いた大地の意味で、この場合のポロも「広い」だと考え、「内」はnay-po（ナイポ）で、「小川」「小沢」と思う。

明戸 ^{アケト}　　　　　　　　（上北郡十和田市）

a・ku・to

ア・ク・ト

我等が・飲む・水（溜め）―（泉、湧き井戸）

　アイヌ語地名辞典にはat「オヒョウ楡の樹皮内皮からとった繊維」ke「所」to「そこ」「at-ke-to」（アッケトウ）「楡皮を採取する所、そこ」とある。この地名について大いに関心をもって、岩手、青森、秋田、の三県の字名（角川書店字名大辞典）を調べたので下記にあげる。

明戸	岩手県	青森県	秋田県
アクト	12	19	5
アケト	4	8	0
振仮名無し	4	5	10

　明戸は、「アクト」、「アケト」と振り仮名のついていないものとに区分される。これを確認するには、それぞれの自治体に伺うしかない。しかし電話を入れても出て下さる相手方が若い方である場合は現在の読みで答えて来るので、明治以前の呼称を求めるには無理がある。また、「アギド」、「アゲド」等のカナづけもあり一様ではない。私は「アクト」と考えてはいるが、これも「悪戸」「悪土」「阿久戸」「安久沢」「明堂」「阿久登」「明道」「明土」等々の地名があってまとめようにも困ってしまう。それにしても何か共通の解き方があるはずと考える。「アクト」について共通のものとして「悪土」が示すように湿地、泥炭、萢、「農業に適さない土地」等の解説が多い。ここでは「二戸郡のアイヌ語地名考」に示したものを示しておく。

仏沼 （フツヌマ）　　　　　　　　　　　　　　（上北郡三沢市）

hut・沼（和語）

フッ・ヌマ

浅い・沼

　アイヌ語地名辞典には、「pu-tu」は「それの川口」とある。また「古代小川原湖の水はここから太平洋に注いでいた」とも加えている。

　地形図によると仏沼の東に砂森があり海抜17m、仏沼は６ｍである。余程の変動がなければ不可能で、仏沼の水は小川原沼に一旦流れ小川原沼の水は高瀬川を通り太平洋へと出るのである。現在ではこの仏沼も水は無く荒地（湿地）で高瀬川放水路に流出している。中川裕の辞に「put-u」（プッ・トゥ）は「川などの口」とある。知里辞には「hutka」（フッカ）は「浅瀬」（クッシャロ）とある。あるいはhutは「浅い」の方言かもしれない。知里辞に「浅い」は「aahak」又は「ohak」とある。

駒沢 <small>コマサワ</small>　　　　　　　　　　　　（上北郡三沢市）

kom・沢

コム・和語

ドングリ・沢

　アイヌ語地名辞典には、「kom-a-saha」（コマサワ）は「小山が坐っている沢」とある。

　古図地形図で見ると小山は見当たらない。姉沼に続く湿地から高台地で、段丘の沢形はある。強いて訳すならkom（コム）は「ドングリ」で、楢林でもあったのだろうか。kom-nisew（コム・ニセウ）楢の実（ドングリ）。

古間木 ^{フルマギ} （上北郡三沢市）

hur・mak・ki

フル・マク・キ

丘、小山・の山手に・萱（原のある所）

　アイヌ語地名辞典には、「furu-oma-kei」（フル・オ
マ・ケイ）で「坂のある所」とある。私の若い頃は十和
田市や十和田湖に行くには、東北本線を古間木でおり
て、私鉄に乗換えたのであるが、この私鉄を地図で見る
と「十和田観光電鉄」とある。いつだったか古間木に下
りてみると、この鉄道が水害で不通だったため、バスに
乗って十和田へ向かったことがあった。地形図で見ると
この附近に山はなく、段丘が十和田市まで続いているか
らたしかに坂もある。しかしことさら坂を強調するほど
のこともなかろうと思う。「古」はアイヌ語の fure（フ
レ）に当てられる場合も多くある。太平洋岸の砂地が続
いてこの古間木で赤土になることから名付けられたとも
考えるが、「古」から考えられるものとしては、

　①hure（フレ）赤い　makun（マクン）ナナカマド
ni（ニ）木

　②hur（フル）丘又は小山　mak（マク）山手　ki（キ）
萱

　がある。まず①の赤いナナカマドの木（のある所）と
考えてみた。ナナカマドからは、北海道大学構内の並木
や、遠野市の街路樹や、九戸郡の戸田附近の街路樹が思

い出され、その美しさが目に浮ぶ。しかし海に近い古間木に果たして自生していたのだろうかと考えると、②の海岸から段丘となるこの地に萱が群生している原の方をとらざるを得ない。

淋代平 （上北郡三沢市）
サビシロタイ
不明

　アイヌ語地名辞典には、「sap-e-ush-or-o-tay」（サプ・エ・ウシ・オロ・タイ）「鹿が・おりてくる・そこへ・いつも・そのようなところ・そこは」とある。

　地形図で「淋代」は太平洋岸にあり、「淋代平」は小川原沼と太平洋の間にあり、「小田内」「頭無」の地名があるが、頭無は海抜61mの丘のような平地で、高台ではあるが山の頭がないので「頭無」とした和語であろう。この狭いと言っても5000mの鳩首のような平地に、はたして鹿が生息していたのだろうか。砂地の海風、特に冬期には風をさけるものもない所であるからこれは考えられない。

赤沼 （上北郡十和田湖町）
アカヌマ
和語

　アイヌ語地名辞典には、「aka-kor-o」（アカコロ）「清水が、得られる、そこで」の意（沼は和語）とある。

　赤倉岳、赤沼、赤沼沢と並んでいる。これは和語と思う。

猿倉　　　　　　　　　　　（上北郡十和田湖町）
（ルビ：サルクラ）

sar・i・倉

サル・和語

　（湿地の草地）・山地

　アイヌ語地名辞典には、「sar-kor-o」（サルコロ）で「葦が得られる、そこで」とある。

　sar-i（サル）は葦原、湿原、沼地、泥炭地、やぶ、しげみ、等の意味がある。kuraは日本語で鞍の意で、概して山に付くことが多く、低地でも高台にも使われる。知里辞はsar-i（サル）で、田村すず子辞では「sari」（サリ）とある。saruは日本語で、猿の意と書いている。ここでは知里辞の方をとる。

　猿倉沢は上流に睡蓮沼の湿原をもっている沢名である。（900mの高地）倉は円い山頂の山が多い。

蝦夷舟　　　　　　　　　　（上北郡十和田湖町）
（ルビ：エゾブネ）

蝦夷・hutune

和語・フツネ

―・狭谷

　アイヌ語地名辞典には、「e-son-pune」（エ・ソン・

プ・ネ)で「そこに、赤ん坊の納屋ともいうべき（小さ
い納屋）がある」とある。

　この地名は「法奥澤村」にある。現在は十和田市、大
谷地を過ぎ片渕川の上流部にある。蝦夷は日本語で古く
は遠くの未開人をさした。残る「舟」であるが、hutune
で「狭い」の意、hutune-pinay（フツネピナイ）は狭い
谷川の意味である。十和田国立公園内の峡谷の地名で現
代五万分の一図にはない。

宇樽部 <ruby>宇<rt>ウ</rt></ruby><ruby>樽<rt>タル</rt></ruby><ruby>部<rt>ベ</rt></ruby>　　　　　　　　　　　（上北郡十和田湖町）

ota・ru・pe

オタ・ル・ペ

砂・道（の）・所

　アイヌ語地名辞典には、「u-ota-rupet」が音韻転化し
た短縮形で「砂路川」の意とある。

　奥入瀬を上流に進むと「子ノロ」で十和田湖に出る。
ここから遊覧船が出ている。右へ進むと「弘前」へ道は
続き、途中ブナの美林がある。左に進むと間もなくこの
「宇樽部」の小平地に着く。ここには冬期にも人間が生
活しているらしく農家もあり、国民宿舎もある。この宇
樽部川は、旅行する方々が気づく程の川ではない。ota
は「砂」の意でruは「道」「道路」の意味で、宇樽は宇
樽部川が運んだ土砂の堆積で出来た小平地、「部」はpe
（ペ）で、pet（ペッ）とは訳さず「所」でもよい。

馬門（マカド）　　　　　　　　　　（上北郡野辺地町）

mak・un・yu

マヶ・ウン・ユ

山の奥の方に・ある・温泉

　アイヌ語地名辞典には、「mak-a-to」（マカトウ）「水溜り―温泉の湧き口、馬門は温泉を指す」とある。「mak-un-yu」（マヶ－ウン－ユ）と考える。マウンがマモンに変訛したものか。

有戸（アリト）　　　　　　　　　　（上北郡野辺地町）

ari・to

アリ・ト

（遠くの）たき火の・（見える）所

　アイヌ語地名辞典には、「ari-to」（アリト）「美しい、そこは」海岸に美しい石がこの地名となった、とある。
　有戸は陸奥湾に面した所にあり、有戸川の川口でもある。ariは、「われら・たいた・火」で、「たき火」と知里辞にある。to（ト）は所で、「遠くの所」の意で、湾であるから、野辺地の火が見える所であろうか。私にはそう考えられる。

木明（奇妙）（キミョウ）　　　　　（上北郡野辺地町）

ki・mem

キ・メム

萱の生えた湿地に・湧き水で出来た沼

　アイヌ語地名辞典には、「ki-mem-un」（キメム・ウン）「葦の生えた、泉地がある」とある。

　これはこの通りであろう。ki-mem（キ・メム）で萱の生えている荒れた湿地に湧き水の池のある所、の地名であろう。地図の上でも四ヶ所の沼地が見える。

野辺地 ^(ノヘジ) 　　　　　　　　　　　　　（上北郡野辺地町）

nup・pechir・i

ヌプ・ペチル

野・（をゆったり静かに流れる）川

　アイヌ語地名辞典には、大日本地名辞書に「清水目川の夷名をヌプペチといへる、即ち野水の義なり」と書いてある。

「野辺地川」「枇杷野川」「本木川」、もう一つは川名が示されていない、四本の川が合流して浜町で陸奥湾に出る。

　山田秀三は、「nup-pet」（ヌプペッ）で「野川」「nup-nay」（ヌプナイ）で「野沢」と読んだ。これは「野辺地」をアイヌ語におきかえたようにも思える。金田一京助も「北奥地名考」で同じことを書いている。

　野辺地は陸奥湾に面した低平地であるから沢はない。

もっとも「鳴沢」の地名はあるものの山岳の沢ではない。野辺地の行政区域には烏帽子岳（720m）がある。野辺地の地名の起源ではないものと考える。nup-pechir（ヌプーペチル）野（をゆっくり又は静かに流れる）川、と私は考えてみた。

蟹田 ^{カニタ}　　　　　　　　　　　　（上北郡野辺地町）

ka・nitay

カ・ニタィ

上手（上流に）・森林（のある所）

　アイヌ語地名辞典には、「kani-ta」「砂鉄を掘る意であろう」とある。

　kani（カニ）は「私」「一人」の意で、分割して考えると、ka（カ）は「上」「かみて」、ni（ニ）は「木」、nitay（ニタイ）は林となる。大正三年の地形図には「林用機関軌道」が大川目澤、砂川澤まで施設されている。おそらくは木材の産地であったろう。豊かな森の川には魚も集まる。中師はそれを物語っている。中師は、chep-us-i（チェプ・ウシ）魚が群居する所、蟹田川の川口に中師がある。

戸鎖 ^{トクサリ}　　　　　　　　　　　　（上北郡六ヶ所村）

to・kisar・a

ト・キサㇽ

沼・耳

　アイヌ語地名辞典には、「tokosa-rui」（トコサルイ）「トクサが大きい」とある。

　知里真志保地名小辞典には「to-kisar-a」（トキサル）「原義、沼耳、沼の奥が耳のように陸地に入り込んでいる部分」とある。この地名は他にもある。必ずしも沼のある所の地名ではない。「kisar-a」（キサル）は「耳」、地名では「耳のように突出している部分」とも書いている。toが欠落している。その場合にはtok-kisar（トゥーキサル）と読めばいいのだろうか。tok（トゥ）は「突起」と読む。

田面木沼　　　　　　　　　　　（上北郡六ヶ所村）
to・mo・kisar

ト・モ・キサゥ

沼が・静かな・耳（形状）

　アイヌ語地名辞典には、「tamu-kapara-ni」（タム・カパラ・ニ）「タム（のある）ところの沼」タムは和名「ドロノ木」、「この木で丸木舟をつくった」とある。

　耳のような形の沼、水深5ｍ、沼の上、下流域は湿地で、高瀬川川口は平沼浜がある。田面木沼と、高瀬川との間に国道338号線が湿地を避けて通っている。その間に平沼の集落が道沿いに並んでいる。

百目木　　　　　　　　　　　（上北郡六ヶ所村）

to・me・ki

ト・メ・キ

あそこ・寒く・茅の生えている（所）

　アイヌ語地名辞典には、「totomeki」（トトメキ）「藪の中に、泉池がある所」とある。

　百目木の地名は多い。この百目木は陸奥湾の東海岸にある。「道目木」「土目木」「戸目木」等々がある。この百目木には武川が流れ、東に「吹越烏帽子岳」（507m）がある。「to-me-ki」（トーメーキ）。これは、もっと研究してみたい。単語を幾通りも組立ててみたが、陸奥湾に面した場所で、現在も小さい寒林で水田も少ないので、そんなことから上の単語を当てた。

月山　　　　　　　　　　　　（上北郡六ヶ所村）

tuki・山

ドキ・和語

杯（のような）・山

　アイヌ語地名辞典には、「tuk」（ツゥ）「突き立つこと」とある。

　月山は419mの山で、太平洋岸で急に海に落ちる。tuki（ドキ）は杯「サカヅキ」に見える山だろうか。中川裕辞では、「tuki」ドキは、takaysar（タカイサラ）、

「天目台」に乗せられた杯、「漆器の椀」で、片口で酒を
くむ（注ぐ）杯と書いている。おそらくは杯を伏せたよ
うな美しい山であろうか。

<ruby>市柳<rt>イチヤナギ</rt></ruby>（市柳沼）　　　　　　（上北郡六ヶ所村）
i・cha・kina

イ・チャ・キナ

我ら・切る・草

　アイヌ語地名辞典には、「ichan-kene-yan-nay-ki」の
音韻転訛した短縮形で、イチャン（鮭鱒の産卵する水
濠）ケネ（産卵のため上に上る鱒）、ヤン（鮭が川に上
ること）、ナイは川、キは所、「イチャに向かう鮭が、さ
かのぼる川のところ」とある。市柳は小川原沼の肛門と
もいえる高瀬川の川口を少し入った位置にある。湿原を
流れる川を上ると市柳沼につく。この地帯は沼が並ぶ湿
地が多く小川原沼、田茂木沼、市柳沼、鷹架沼、尾駮
沼、池が並んでいる。鮭が沼川を上っても沼につく。沼
を越えても湿地である。特に市柳沼の東側の高瀬川に至
る幅1km、南北4kmに及ぶ大湿地がある。この湿地に
生えている草にi-cha-kina（イ・チャ・キナ）があり、
これが、市柳沼の沼名となったのではあるまいか。現在
は整備された水田になっている。

通目木 _{ズメキ}　　　　　　　　（上北郡六ヶ所村）
百目木参照

　アイヌ語地名辞典には、「tu-mem-ki」（ツメキ）「細長い泉池のある所」の意と書いてある。
　これは地図で見つからないが、百目木、遠目木と同じ地名と考える。

犬落瀬 _{イヌオトセ}　　　　　　　　（上北郡六ヶ所村）
inun・chise
イヌン・チセ
漁（鮭）をとる・仮寝小屋

　アイヌ語地名辞典には、「inun-ot-sep」（イヌンオッセプ）「猟のため野宿することが、いつも行われる、小谷」猟小屋はイヌンチセinun-chiseといった、とある。
　しかし「犬落瀬」は奥入瀬川沿いにあるinun-chise（イヌンチセ）で、奥入瀬川にのぼる鮭鱒をとる漁期だけに宿泊する小屋のある所の地名で、「猟」ではなく「漁」なのである。

中師 _{チウシ}　　　　　　　　（上北郡六ヶ所村）
chep・us-i
チェプ・ウシ
魚（鮭）・（が）群居する（所）

中師は蟹田川の川口をいう。

中志 チュウシ （上北郡六ヶ所村）

cupi（hi）・us-i

チュピ（ヒ）・ウシ

（女性生殖器としての）おなか（のような）・入江

　アイヌ語地名辞典には、「chiwash」（チワシ）「河口の義」、日本語で「川口の渡し」とある。

　萱野辞に「ciw-as」は急流とある。河口はchar-o（チャル）又はcharo-paro-put（チャロ・パロ・プツ）。中志は小川原沼の北端西にある。小集落で五万分の一図で名もない川があり、水田もある沼端である。その北に「内沼」があり入りこんでいる。私はchep-us（チェプ・ウシ）「魚が群居する」といいたい所であるが、地形からcup（hi）-us-i（チュピ（ヒ）・ウシ）女性の生殖器としての「おなか」の入江としたい。

甲田 コウダ （上北郡天間林村）

katam

カタム

「カタム」という湿地の植物（の生えている所）

　アイヌ語地名辞典には、「kaputa」「皮が、そこに」

の意。樺の木の皮であり、kamuy-tat（カムイ・タツ）
で「神の樺皮」樹皮を薄皮状にはぎ傷の手当に用いた、
とある。

　甲田は、小川原湖（沼）の七戸川川口から西に入った
七戸川の北に位置し、大正三年の地形図では「甲田沼」
となっている。東西では千ｍ位ある沼の名である。現在
は整理されて美田に変わっている。さて甲田は「コウ
ダ」ではなく「カッタ」であろう。田村辞で、「katam」
（カタム）、カタムは植物名で「ヨシ」でも「カヤ」でも
ない細い葦状の草が沼岸に生えている所の意、知里辞に
はツルコケモモ・クロマメノキ・エゾキンバイソオとあ
る。その草の生えている所をkatamsar（カタムサラ）
―カッタム（植物）の生えている湿原―という。

李沢
スモモサワ
和語
　　　　　　　　　　　　　　（上北郡天間林村）

　アイヌ語地名辞典には、「sum-men-o」（スムモム）
「（洪水によって）洗い去られ、流れたところが、そこに
ある」とある。

　李が果物であるから和語である。アイヌ語で
sumumke（スムムケ）花、葉などが「しおれる」、果物
などが「しなびる」の意であるが、この地名にはふさわ
しくない。

坪 <ruby>坪<rt>ツボ</rt></ruby>　　　　　　　　　　　　　　　**（上北郡天間林村）**

tomo

トモ

（坪川）に突き当たる（所）

　アイヌ語地名辞典には、「topo-o」（トポ）「水溜まり
が沢山ある」の意と書いている。

　坪、都母、壺、等の当て字がなされている。 <ruby>都母<rt>ツボ</rt></ruby>

　この坪（都母）は私の生地爾薩体（爾薩体は二戸、三
戸、九戸の各郡を含む広域地といわれる）と歴史の上で
関わりのあるところである。弘仁二年（811）出羽国の
邑良志閉村の降俘の吉弥候部都留岐は、爾薩体の伊加古
と日頃仲が悪く相反目していた。伊加古は都母村にいて
兵を訓練し軍備をととのえ、閉伊の蝦夷をさそって吉弥
候部都留岐を攻めようとしていた。そこで都留岐は、先
手を打って伊加古を攻撃したいから、兵糧がほしいと、
出羽国の官庁に申し出た。その訴えを聞いて、米百斛が
給された。以上は「日本後記」にあるが、私はこの記述
にはいささか異のあるところがあり、このことは別に書
いてみたいと考えている。

　また坪の北方四キロほどのところに「石文」の地名が
ある。この石文は、「壺の碑」として著名な所であろう
か、伝説では坂上田村麻呂が弓のはずで石の表面に「日
本中央」と書いたとされている。しかし田村麿呂は盛岡
の少し北厨川までしか足をのばしていないし、また天皇

の臣下である田村麻呂が日本の中央と書くはずもない。

　アイヌ語には「ッ」の発音はない。したがって「ト」又は「ド」と書かれる。tom（o）（トム又はトモ）にはいくつかの解があって神謡や伝説に出てくる言葉等の中から地名に最もふさわしいと思うものに「…にぶつかる、…に当たる」を考えてみた。坪川はこの附近を流れる川としては大河で、南に奥入瀬川があるが、七戸町から野辺地町までの間は大河で、私はこの坪川にぶつかる手前（野辺地川）が都母であり坪なのだと考えた。

鳥谷部 （上北郡天間林村）
トヤベ

toya・pe

トヤ・ペ

沼岸・（にある）もの

　アイヌ語地名辞典には、「to-ya-pet」（トウヤペッ）「湖岸にある川」とある。

　この地名は沢山ある。北海道の洞爺湖は有名である。「十枝内」の下流、市渡川と倉岡川が合流する地点に舌状に突起した地点で、大正三年の地形図や現在の地図にも沼の記入はない。この合流地は水田があるが、古くは沼であった可能性を示している。鳥谷部の部は川の意味ではなく、peはものとすべきであろう。

十枝内 <ruby>十枝内<rt>ト シ ナイ</rt></ruby>　　　　　　　　　（上北郡天間林村）

tosir-i・nay

トシル・ナイ

川岸に穴のある・川

　アイヌ語地名辞典には、「to-snay」（トシナイ）「湖の沢山ある川」とある。

「十枝内」は天間林村にあり「栗木沢川」と「市渡川」が流れ「倉岡川」と合流し「中野川」と名を変え、さらに高瀬川（七戸川）と名を変え、「七戸川」として小川原湖に注ぐ。「十枝内」附近には山らしい山もなく「夏間木」他に段丘はあるものの「野川」の状態であろう。

　アイヌ語でtosir-i（トシル）は「川岸の穴・川岸の下の土が流されて、草や木の根などが庇のようにかぶさっている所」をいう。またtosse-i（トシセイ）小高い丘、小山、円山、tosse-p-i（トシセプ）突出している、小山、円山とある。地形図で見るかぎり、丘があり多少の小さい崖はあるものの、山はなく、したがって「tosir-i」（トシル）をとる。この穴に小魚が群れているということだろう。

蓼内 <ruby>蓼内<rt>タテナイ</rt></ruby>　　　　　　　　　（上北郡東北町）

tate・nay-cha

タテ・ナィチァ

そここ（見渡しのよい）川岸

　アイヌ語地名辞典には、「tat-e-us-nay」（タテシナイ）「樺の木が、そこに、沢山生えている、川」の意とある。

　蓼内は小川原湖の南部の西に「土場川」の岸の水面から70mの高台にあり、沼岸は水田でその縁の崩れ崖上にある。この小川原湖に注ぐ川のうち土場川、七戸川、花切川がこの所に川口が集中している。その川の間は水田地帯で、蓼内の高台から一望に見渡せる。

　アイヌ語でta（タ）そこ、te（テ）ここ、nay-cha（ナィチャ）川岸、まとめると「そこここが一望できる川岸の所」となる。おそらくは鮭が産卵期に群をなして小川原湖に集結し、それぞれ川へのぼったのだろうか。

塔野沢　　　　　　　　　　　　　（上北郡東北町）
tuy・の沢

ドゥイ・和語

（沢が）切れて（やや平地になっている）沢

　アイヌ語地名辞典には、「to-sawa」（トウサワ）は「湖のある谷」とある。

　しかし塔野沢には湖はない。民家が数軒ある沢地である。これは大旗屋から沢になっていて、上って塔野沢まで来ると沢が小平地となり切れた状態となり、塔野沢を過ぎるとまた沢がある。そんな地形の所の地名である。

数牛 （カソシ）　　　　　　　　　　（上北郡東北町）

ka・soske

カ・ソシケ

上（高地）は・（山の）地肌があらわれている（所）

　アイヌ語地名辞典には、「kash-ush-i」（カシュウシ）カシュ（猟小屋）「小屋が、無数に建っている、ところ」の意とある。

　旧「甲地村」（カッチ）の淋代の北にある川も山もない小さい段丘の地名である。この地方は何故か、「切土」や「盛土」が多い。防火帯のためだろうか、数牛は三方が囲土でかこまれている。

　アイヌ語で、ka-sos又はka-sos-ke（カーソシーケ）は、ka（カ）は「上」、sos-ke（ソシケ）は剥げている、の意である。この囲土は強風のため土が飛ぶのを防止するためのものか、そんな地形だから、地肌があらわれている所の地名となったものか。

保戸沢 （ホトサワ）　　　　　　　　　　（上北郡東北町）

ho・ta・沢

ホ・タ・和語

（沢）尻が・すぐそこに（ある）・沢

　アイヌ語地名辞典には、「pon-to」（ポントウ）は「子供湖」のある沢、とある。地図で見るかぎり湖はない。

アイヌ語でo（オ）もho（ホ）も「尻」の意味で、この場合「沢尻」になる。次にto（ト）には湖沼池潟などのほか「所」の意味もある。to（ト）もto（タ）も所であるが、「ト」は遠い所であり「タ」は「そこの所」の意味で、保戸沢の「ト」は「タ」であろうと考える。なぜなら沢と言っても山地の沢ではなく段丘の沢だからである。保戸沢は短い沢で、ho（沢尻が）、ta（すぐそこ）の沢と訳せるからである。

甲地 カッチ　　　　　　　　　　　　（上北郡東北町）

kat・cam

カッ・チャム

小川原沼（湖）の側の（村）

　アイヌ語地名辞典には、「katchi」（カッチ）「発火棒」をいう。発火棒は、「ハルニレ」で作る。chi-kisa-ni（チキサニ）は「吾等、こする、木」という意味、とある。
　甲地村は大きい小川原沼の西側にある。現在は東北町と名を改めてはいるものの甲地はそのまま村の中心にある。katcam（カッチャム）は側という意味のアイヌ語である。小川原湖の「側」の村の意味であろう。

外 <ruby>蛯沢<rt>エビサワ</rt></ruby>　　　　　　　　（上北郡東北町）
内

epiw　・沢

エピュウ・和語

オショオニレの生えている・沢

　アイヌ語地名辞典には、「epekke」（エペッケ）鬼の
ような「三ツ口沢」の義とある。蛯沢は、外、内の二つ
の地名がある。乙供の東側にあって、山沢ではなく段丘
の沢に見える、川蛯でもと考えてみたものの五万分の一
図ではわからない。

　似たようなアイヌ語を探すと、epiw（エピュウ）オ
ショオ－オショオニレで、その樹皮はat（アッ）といい
繊維から作った布を「アッシ」と言った。又はatni
（アッニ）ともいわれている。日本語の「オショオ」は、
アイヌ語の「opiw」（オピウ）が変訛したとも言われて
いる。

<ruby>千曳<rt>チビキ</rt></ruby>　　　　　　　　　　（上北郡東北町）

chi・siki

チ・シキ

われわれ・（が）萱を刈る（所）

　アイヌ語地名辞典には、「chip-ika-i」（チプ－イカ－
イ）の義、chip「丸木舟」ika「越える」i（動詞の語尾

につけて所の意を示す）、通訳すれば「舟越し」である、とありさらに古文も引用している。「都母」は「坪」の欄参照。「千曳」と「石文」との間は約3.5kmあって、東北本線、国道四号線が通り、青森と東京を結ぶ大動脈が通る場所にある。現在も水田は少なく畑作地帯で人口も少ないようである。

乙部　　　　　　　　　　　　　　　（上北郡東北町）

o・to・pe
オ・ト・ペ
川尻（に）・沼（ある）・川

　アイヌ語地名辞典には、「o-to-un-pe」（オ・ト・ウン・ペ）、「o」は「川口」、「to」は「湖」、「un」は「ある」、「pe」は「ところ」とある。金田一京助は「北奥地名考」の中で、「陸奥上北部の小川原沼の側に、甲田沼という小湖沼があって、それに注ぐ川、その川の中流に「乙部」がある。おそらくはo-to-peで「川尻に沼ある川」といって、この川の名が先ずあって、この村の名になったのであろう」と書いている。

姉沼　　　　　　　　　　　　　　　（上北郡東北町）

ane・沼
アネ・和語
細い・沼

アイヌ語地名辞典には、「ane」（アネ）は「小さい」の形容詞、とある。
「姉沼」は決して細くはない。しかし小川原湖から見れば何十分の一の小さい沼でしかも並んでいる。本来はpon-to「小さい沼」となるべきものであろう。

治部袋 ジ バブクロ　　　　　　　　　　（上北郡七戸町）
cimupa
チンパ
（川を）分ける（所）

アイヌ語地名辞典には、「chip-pu-kor-o」「舟を沢山持つところ」と書いている。地形図には「治部袋」（じんば）と書いてある。

地図を見ていると、天間林村、七戸町、十和田市は心臓に集まる血管のように流れ、上北町は静脈で小川原湖にそそぐ。「ジンバ」なら陣馬と書いてもよさそうなのに「治部袋」と書いている。この地は沢沿いに水田はあるものの畑作もあるが、針葉樹林帯であったろうか。

chip（チプ）は舟の意であるが、chir-i（チル）は鳥の意味で、知里博士に「和人は舟を食う」という著書がある。アイヌ語に対する和人（日本人）の無知をいったものであろう。私もその一員でしかない。知里は金田一京助や永田方正の著書から学んだが、現在アイヌ語を学

ぶ人たちの多くは、知里の著書をおくことは出来ない。小川原湖からここまで上流に来ると「舟を沢山持っている」との解は今一つ納得がいかない。治部袋は倉岡の下流にあり、「倉岡川」と「倉岡後川」との合流点にある。cimupa（チンパ）は分けるの意味がある。ローマ字読みで「チムパ」とも読めるが「辞」では「チンパ」としている。もし「チンパ」が「ジンバ」と変訛したとするなら、「川が分かれる所」になる。同じ川が分かれるの意なら、nay（川）、u-hoxpa（捨て・あう）ke（所）―川が互いに相手を捨てあう所―と知里辞にある。私も舟を食ったのかもしれない。

別曽　　　　　　　　　　　　（上北郡七戸町）
pet・so
ペッ・ソ
川・床（とこ）が出ている（所）

　アイヌ語地名辞典には、「pet-so」so（ソ）は床であり、河道が変わったため、旧河道の床があらわれているの意、とある。
「別曽」は七戸町の南西４km程の道地川沿いにある。自動車が通る道が上流の「道地」の集落まで迂回している。地図の上では滝があるように見えない。これは前記辞典のように「川床」があらわれているのかもしれない。または、「川岸で地下水がにじみ出ているところ」

かも知れないが地図の上では判断出来かねる。「河道が変わった」「旧河道」の「旧」は必要でない。

道地 <ruby>道地<rt>ドウ ジ</rt></ruby>　　　　　　　　　　　　（上北郡七戸町）

toy・ci

トィ・チ

土地が流された所

　アイヌ語地名辞典には、「to-chi」（トウチ）「沼が多い」河跡地であろうとも書いてある。

　道地川沿いの集落で上流部の地名である。小沼が二つばかり地図にはある。トウチを辞典で探すと「tuchi」で「槌」とある。これはtoy（トィ）で、土地、地面、田畑であろう。ci（チ）には「された」「される」の意味があり、「土地」が「された」とは、大水が出て「土地が流された」所と訳したい。すぐ下流に「別曽」がある。別曽は「川床が見える」であるから、水割のあった所の地名であろう。

耕作部 <ruby>耕作部<rt>コ サク ベ</rt></ruby>　　　　　　　　　　　　（上北郡七戸町）

（大）・sak・山（ta）

（和語）・サク・和語（タ）

頂上を欠く・山（所）

　アイヌ語地名辞典には、「kot-sak-pe」（コッ・サク・

ペ）で「窪地で、水のない、所」とある。

　七戸役場に電話すると、「この地名はない」との返事。作田、大作山、作田川、作田ダムはある。大作山は455m、この作田は山名から名づけられたものと考える。

　一般的に「サク」は夏のことであるが、一方で、「欠く」、「ない」の意味である。地形図で見ると大作山の頂上は小さい平地で尾根が続いている。もし「欠く」の意なら頂上がなく尾根続きの山の意かもしれない。大の字が付くからあるいは「大長根山」にも思える。

倉岡（クラオカ）　　　　　　　　　（上北郡七戸町）

kura・o・ka

クラ・オ・カ

仕掛弓・沢山掛ける・所（かみ）

　kura-o-kaは、仕掛弓を沢山かけておく所と訳したい。しかし和語では、山頂が丸い岡とも言えるので迷う。

木内内（キ ウチナイ）　　　　　　（上北郡下田町）

ki・us・nay

キ・ウシ・ナィ

葦（萱）・が生えている・川端

　アイヌ語地名辞典には、「kiw-chi-nay」（キウチナイ）「オオウバユリの鱗茎が、沢山ある、沢」とある。

352

知里辞に「kiw」（キゥ）は「ヒメイズイの根茎」「オオウバユリの鱗茎」とある。大正三年図と現在の五万分の一図は少し違っている。東北本線の下田駅の奥入瀬川を渡った北西にある。奥入瀬川が蛇行する河川敷段丘にあって、「沢」というほどの沢はない。八戸市から北の六ヶ所村まで続く平野地にある。知里辞植物編を見ると「kiw」というのは真岡・千歳・美幌で他では「erapas」（エラパシ）菅江真澄は「ルレップ」と書いている。

私が「ウパユリ」の群生している所をあげるとすれば、長野県の上高地で、湿気のある所に群生している。「ヒメイズイ」については諸説があるが略す。

私は単純に「ki-us-nay-cha」（キ・ウシ・ナィ・チャ）「萱が、生えている、川の端」とする。大正図では奥入瀬川の蛇行が蛇のように曲流している。現代図では直流状態で同じ地理院の図でもこんなに違うとは。木内内では河川敷が500mにも達する幅がある。現在図では畑地の記号がある。昔は荒地だったと思われる。現在では大きい集落がある台地である。

吹越 （フッコシ）　　　　　　　　　　　（上北郡横浜町）
put・kus
プッ・クシ
川口を・越える

アイヌ語地名辞典には、「pukosi」―「puy-kot-us-i」

（プコシ）－puy（プユ）は穴、kot（コッ）は跡、us-i（ウ
シ）多い所—とある。

　吹越川の川口、陸奥湾の東に位置する段丘平地、大
沼、小沼他の小さい沼のある所である。この湾に流れ出
る川は何十本あるのだろう。その意味で断定は出来ない
ものの、あえてアイヌ語を当てるとすれば、put（プッ）
川口、kus（クシ）通る、通行する、通過する、越える
と訳せる。前記のように何十本の川があるのだから、海
岸を通るには、その数だけput-kusがあることになる。

百石 （上北郡百石町）

モモイシ

moma・us-i

モマ・ウシ

李の木・ある所

　アイヌ語地名辞典には、「moma-us-i」（モマウシ）
「李の実の多い所」とある。百石町は八戸市の北、太平
洋岸の小さい町の名である。青森県の地名を探して地図
を見ていると行政区画の小さいことに気づく。

　アイヌ語のmomaniは、「モマ」は李、「ニ」は木の意
味で、us（ウシ）は「ある」の意、iイが付けば「所」
となり、前記辞の通り。私は岩手県二戸郡生まれで李を
食べた記憶はない。太平洋岸の潮風の強い土地で育つの
だろうか。

出戸 _{デ ト}　　　　　　　　　　　（下北郡むつ市）
不明

　アイヌ語地名辞典には、「turu-kot-us」ツル（濁り水）コッ（孔）ウス（沢山ある）「温泉の孔が沢山ある」の意とある。

　地形図を見ていると、出戸はデルタである。現在図を見ると出戸川沿いに水田も出来ている。温泉の濁り水の場合水田が出来るだろうか。大正三年の地形図では湿地であるから、その昔は沼だったのかもしれない。アイヌ語にteeta（テェタ）「昔」to（ト）沼とも読める。もしそうなら、「川代」にかけて三つの浅い沼であったろうと私は考える。

　「テェタ」が「テ」に変訛し「テト」となりデトと発音されたものか。

川代 _{カワダイ}　　　　　　　　　　　（下北郡むつ市）
和語

　アイヌ語地名辞典には、「kapa-tay」ではなく「カパッタッー」白樺の森であるとある。

　「川代」は「川目」と同じものと私は考える。川代は「川しろ」であり「川縁」でもあろう。旧地形図は湿地の中にあり、新図は川口（出戸川）の海岸をはしる279号線に集落が並んでいる。津軽海峡に面した海岸に白樺

があるのだろうか、地図で見る限り荒地と落葉樹があり
松だろうか、針葉樹も混ざっている様に見える。

関根　セキネ
（下北郡むつ市）
不明

　アイヌ語地名辞典には、「seseki-ne」（セセキネ）で
「地熱がある」とある。「関」の付く地名は多い。旧図に
は「田名部町」があるが、現在は「むつ市」に収合され
たのだろうか。「田名部川」がその名をとどめているの
だろう。旧図には「ピッケ川」が見えるが、現在は「美
付川」に改められている。アイヌ語地名はこうして消え
てゆくのだろう。関根は地熱があるかどうか、地図で見
る限り温泉は見当たらない。

近川　チカカワ
（下北郡むつ市）
chikar・pet

チカル・ペッ

人口（の）・川（堀川）

　アイヌ語地名辞典には、この川の上流に遡ると、道が
細くくねっている。このような道路を「chikay-chish」
（チカイ・チシ）という。近川は「チカイチシの通じて
いる川」の意とある。
　地形図には田名部沢と蜆沢が合流した所に大池があ

る。その池から流れ出た川は「近川」という。知里辞には「chikar-pet」（チカル・ペッ）「われわれ人間の・作った・川」「堀川」と書いてある。地形図を見ていて、そうとも思えない。あるいは池尻でも掘って、水流を良くしたものだろうか。現地で調査しなければわからない。国道279号線と大湊線、「近川」の駅もある。一応知里辞を書いておく。

田名部　　　　　　　　　　　　（下北郡むつ市）
（タナブ）

toma-i・pet

トマㇺ・ペッ

湿地（を流れる）・川

　アイヌ語地名辞典には、「tona-pe」（トナペ）でtonam（トナム）は「非常に湿った」という形容詞。pe（ペ）は動詞・形容詞の閉音節部について「もの」とある。この「田名部」は現在「むつ市」と名を変え、「恐山山地」と「下北丘陵」に挟まれた地形にある。この地を流れる「田名部川」に合流する川や沢は15本を超える。旧図を見ると「田名部町」の南に「苫部平」の大湿地帯がある。「tona-pe」や「tonam」の単語は私の調べでは見当たらない。知里辞で「tomam-i-pet」（トマㇺ・ペッ）の変訛だと思う。同じ青森県の福地村に「苫米地」があるが、同じアイヌ語地名と考えられる。現在はこの湿原は美しい水田に変わっている。むつ市はかつて

軍港だったが、今も自衛隊基地がある。

老部 オイッペ　　　　　　　　　　　　　　（下北郡東通村）

oype・川

オイペ・和語

（鮭）群来（する）・川

　アイヌ語地名辞典には、「オイペo-ibeは川口に鮭が群来する意味の「オッ」（群来）を失った地名であろう、イベは食物の意味で「鮭」のことである」とある。

　老部川と小老部川とがある。旧図に「小老部川」は「越部川」と区分している。地図によると砂浜で一部小さい岩礁が見える。o-ipe-p（オ・イペプ）の場合「食器」で、「帆立貝」とか「あわび」のような大きい貝の殻を食器にしたのだろうか。またoype-an（オイペ・アン）は「なんとまあたくさん、ある」となり、あるいは鮭鱒のことかもしれない。

白糠 シラヌカ　　　　　　　　　　　　　　（下北郡東通村）

sirar-i・ka

シラル・カ

海岸の岩磯の・上（の所）

　アイヌ語地名辞典には、「shiranuka」「平磯、岩石が波浪で浸蝕された平坦地」とある。

358

　知里辞で　①岩　②磯、平磯、海中にあって汐が引くと現われる岩盤　③荒磯、海岸の水底に郡在する岩礁。私は海岸の岩磯の上と訳す。

左京沼　サキョウヌマ　　　　　　　（下北郡東通村）

sarki・沼

サラキ・和語

アシ、ヨシ・（沼岸に生えている）

　アイヌ語地名辞典には、「sar-ki-o」（サルキオ）「ヨシが沢山生えている所」とある。

野牛　ノウシ　　　　　　　　　　（下北郡東通村）

（nup）　noske（noski）

ヌプ　ノシケ（ノシキ）

（野原の）―まんなか―

　アイヌ語地名辞典には、「nupki-us-i」（ヌプキウシ）「萩が無数に生えているところ」。
　アイヌは鮭鱒等の漁獲物を処理するため、簾をつくった。この簾をチェプ・カルサという。チェプ（魚）カル（処理する）ルサ（簾）とある。noske（ノシケ）noski（ノシキ）、いずれも「まんなか」の意で、東通村北部平野の真中と感じたのだろうか。萩はsinkep（シンケプ）sun-kep（スンケプ）。nupkiだと「カヤ」の意にはなら

ぬか。

袰部 ホロベ 　　　　　　　　　　（下北郡東通村）
horka・pechi

ホルカ・ペチ

後戻りする・川

　アイヌ語地名辞典には、「poro-pet」「親川」と訳してある。

　下北半島の津軽海峡に面した尻屋崎に近い所にある。ここを流れる川は袰部川で、その川の上流が津軽海峡に向かうように回っていることから、海から入った川が海へ向かうように上流で回っていることを「後戻りする」といったものである。大正図には母衣部ホロベと書いてある。

尻屋崎（尻矢崎）シリヤサキ 　　　　　　　　（下北郡東通村）
sir-i・ya・崎

シル・ヤ・和語

断崖の岸（海岸）・（に突き出た崎）

　アイヌ語地名辞典には、「shir-ya」「水際の断崖─古生層より成る断崖である、ヤは海岸」とある。これはこの通りである。人形山の南に「尻屋」があるが、同じことである。

尻労　　　　　　　　　　　　　　　（下北郡東通村）

シツカリ

sir-i・tukari

シル・ドカリ

崖（の）・手前の所

　アイヌ語地名辞典には、「shir-tukari」（シルツカリ）シル（山―桑畑山をいう）ツカリ（すぐこちら）とある。

　下北半島の尻屋崎手前の太平洋に面している所で、八戸市から、この尻労まで砂地の海岸が続いている（約90km余）。そしてこの尻労で岩石の海岸が尻屋崎まで続く。尻労はこの崖の手前の所の地名である。道路も（大正地形図でも現在も）尻労までで先にはない。尻屋崎には津軽海峡面からある。

シレトコ　　　　　　　　　　　　　（下北郡東通村）

sir-etok-o

シレ　トゥ（コ）

岬（地・先）

　アイヌ語地名辞典には、「shir-etu-ko」（シレトコ）「陸地が嘴のように遠く突出している」の義とある。

　この地名は東通村には見当たらない。北海道の知床半島のことか。

田代 _{タシロ}　　　　　　　　　　　　（下北郡東通村）

tay・sir-i

タィ・シロ

林のある・台地又は麓（山根）

　アイヌ語地名辞典には、「ta-ush-or-o」（タ・ウショロ）「食用植物の根を掘るところ」とある。

　田代の地名は地形図をみていると、何故か拡がりのある端（山岸又は山根）にあることが多い。東通村は「上田代」「下田代」も大川が流れる湿った川原ともいえる湿原の端台地にある。「sir」（シロ）は山の意であるが、平地に対し高台も山となる。sir-i（シル）も同じことで地、台地、山の意である。田代の「タ」はtaで、所の意もあるが、私はtay（タイ）で林の又は森のある、山根又は台地と読みたい。

自名 _{メナ}　　　　　　　　　　　　（下北郡東通村）

mena

メナ

上流の細い枝川・たまり水

　アイヌ語地名辞典には、「mena」（メナ）「池」小さい沼を意味する、とある。知里辞に「mena」は①上流の細い枝川　②溜り水、と書いてある。この地名は多い。「水が湧いている」、泉池、泉沼等はmem（メム）とい

う。青森県だけでも「目名」地名は二十を越えるだろ
う。

易国間 <small>（イコクマ）</small>　　　　　　　　　　（下北郡風間浦村）

ik-o-kuttar・間

イコクッタラ・和語

オオイタドリ・港

　アイヌ語地名辞典には、「ikon-ko-oma」が音韻転訛し
た短縮形であり、イコン（病気になるという自動詞）、
コ（そこに）、オマ（ある）、「病気になる（原因が）そ
こにある」意とある。
　目瀧川と易国間川の流れる津軽海峡に面した海岸にあ
る。また二万五千分の一図では菅尻沢の川口にもある。
これは広域の地名だろうか、ik-o-kutar（イコクッタラ）
で「オオイタドリ」の生えている所の地名で間は澗で小
さい港のことであろう。「イコ」は節の意、「クッタラ」
は筒の意である。

釜谷 <small>（カマヤ）</small>　　　　　　　　　　（下北郡風間浦村）

kama・ya

カマ・ヤ

ひらたい岩ある・岸

　アイヌ語地名辞典には、「kama-ya」（カマヤ）「扁平

な岩盤のある海岸」とある。大正図に「古釜谷」と蛇浦に（釜谷）と書かれてある。現在図には（1.25）古釜谷がある。kama（カマ）は「平岩」、「扁盤」でya（ヤ）は「沖に対して陸―海岸―陸の方」の意で、「ひらたい岩のある岸」の意味になる。

下風呂　　　　　　　　　　　　　（下北郡風間浦村）

シモフロ

sirimo・hura

シリモ・フラ

（風が）静かな（時には）・匂いがする（温泉又は流黄の）

　アイヌ語地名辞典には、「pur-upuruge」（プルプルゲ）「脂のような硫質泉が、孔で、沸騰している」とある。

　下風呂の東に「大赤川」「小赤川」が津軽海峡に注いでいる。この川口に赤川村がある。赤川とは温泉水（硫黄水）の川であろう。この川の水源は燧岳でこの山の北側に「三階瀧流黄鉱山」があった。下風呂もその名の通り温泉マークが二ヶ所ある。下風呂の「下」は和語か。風呂はhura（フラ）で「匂いがする」の意で、前記辞典のように温泉の噴出口があったのだろうか。sirmo-hura（シリモ）「静かな」hura（フラ）「匂いがする」おそらくは「風の静かなときには（硫黄の）匂いがする」所の地名。

甲 _{カブト}

（下北郡風間浦村）

kapar

カパル

水中の平岩

　アイヌ語地名辞典には、「kapu」（カプ）皮、この皮は樺の皮である、とある。地図で見ると「甲崎」と「甲」がある。これは甲崎の方の地名が先だろう。kapar（カパル）又はkaparus-i（カパルシ）、「薄っぺらである」「水中の平岩」で、kapar-iso（カパリソ）アザラシなどがよくそこの上に上っているような水中の平岩等の意の地名と考える。一応「kapar」として水中の平岩としておく。それは同じ海域に「釜谷」があるからである。また古釜石の北に「潜石」の地名がある。ここも潮の満干で現れたり沈んだりする岩礁である。

潮垂石 _{シオタルイシ}

（下北郡大間町）

siok・tari・us

シオゥ・タリ・ウシ

（舟）を後：陸（オカ）に・上げる・場所（所）

　アイヌ語地名辞典には、「shi-otaru-us-i」（シオタルウシ）「大きいハマナスが無数にある所」とある。ハマナスはotarux-niということもつけ加えている。大正図は「潮垂石」、新図は「汐垂石」で意味としては同じことで

あろう。大潮が引くとき垂れるように海水が岩場を流れ
落ちるさまを地名として名付けたものと考えてはみた。
しかし大間平の湿地が近くにあり、防波堤もあることか
ら海岸は岩場ではないと判断した。そして自信はないも
のの「siok-tari-us」（シオゥ・タリ・ウシ）「…を後・陸
に・上げる・場所」とアイヌ語で読んでみた。…は「舟」
と考える。（小舟）

奥戸〔オコッペ〕　　　　　　　　　　　（下北郡大間町）
o・ukot・pet（pechi）
オ・ウコッ・ペッ（ペチ）
川尻（で）・合流（互いに付いている）・川

　アイヌ語地名辞典には、「ota-nu」（オタヌ）砂が堆積
した沢、とある。奥戸は根田内の南で日本海岸である。
奥戸は小川代川〔コガワダイ〕と奥戸川が川口近くで合流している。こ
の合流点の北に小奥戸川がある。奥戸も小さい港であ
る。アイヌ語でo-ukot-pet（オ・ウコッ・ペッ）川尻
（で）交尾する―二つの川が合流して一つになっている
のをいう。「u（互い）kot（に付く）pet（pechi）川」
の意である。

大間〔オオマ〕　　　　　　　　　　　　（下北郡大間町）
不明

アイヌ語地名辞典には、「oho-ma」（オオホマ）は「深い澗」とある。知里辞に「ma」（マ）は澗と書いてあるものの他の辞書にはない。澗は港の意味でアイヌ語ではなく日本語であろう。六条澗の地名もある（大船の着く港）が、アイヌ語として書かれてはいない。山田秀三の著書でもふれてはいるものの明快な答えはない。ohoはアイヌ語であるが水深のことだろうか、地形図ではそう見えない。灯台も防波堤もあり錨のマークもついていて本州北端の港である。

根田内 <ruby>根田内<rt>ネ タ ナイ</rt></ruby> （下北郡大間町）

net・naye

ネッ・ナィエ

寄木（のある）・（波紋）筋（のある浜）

アイヌ語地名辞典には、「net-a-nay」（ネタナイ）「漂木が溜っている川」（金田一京助「アイヌ語研究」439p）とある。

根田内には川はない。川は南に「小奥戸川」、北に「大間川」がある。地図では根田内先は砂地に見える。net（ネッ）流木、寄木の意味である。おそらくは日本の沿岸を北上する海流が津軽海峡を流れる海流に突き当たって根田内先の南西の砂地に流木が乗り上げるのだろう。「ナイ」は川の意ではなくnaye（ナィエ）で、浜の砂地に風紋が波の荒い日の名残の波紋をいったものであ

ろうか。アイヌ語では筋を意味する。

木野部　　　　　　　　　　　　（下北郡大畑町）
（キノッブ）

ki・nup

キ・ヌプ

平原・カヤ原・草むら

　アイヌ語地名辞典には、「kinu-pe」（キヌペ）「葦の野原」peはところを意味する、とある。

「下風呂」の南東の海岸、燧ヶ岳から大沢目沢が津軽海峡に注ぐ地点に木野部がある。この辺の海岸はゆるやかな段丘地で、木野部峠からちぢり浜までは現在も草地のままの荒地記号がある。

小目名　　　　　　　　　　　　（下北郡大畑町）
（コメナ）

ko・mena

コ・メナ

ここの・枝川（の所）

　アイヌ語地名辞典には、「kot-mena」（コッメナ）で「孔状の池」を意味する、とある。

　大畑町を流れる大畑川の川口・上流３kmの地点にある。アイヌ語のko（コ）は、「そこ」に、へ、に向かって、「それ」を以って等々動詞や名詞によってかわる。ko-mena（コメナ）は「ここの枝川」の所の意。

大畑
オオハタ
和語　　　　　　　　　　　　　　　（下北郡大畑町）

　アイヌ語地名辞典には、「o-pa-ta」（オパタ）「穴、蒸気の噴出する穴」とある。
　これは和語。大畑といっても大きい畑作地ではない。水田はあるものの牧畜等ではなく漁業の町である。

弁天島
ベンテンジマ
和語　　　　　　　　　　　　　　　（下北郡脇野沢村）

　アイヌ語地名辞典には、旧称moshir（モシル）島とある。

九艘泊
クソウドマリ
kus-or・泊
クソル・和語
向こう岸：対岸・（舟着場）　　　　（下北郡脇野沢村）

　アイヌ語地名辞典には、「kus-o-tomari」（クソウトマリ）kusは向こうへ越す、oはoma（オマ）で渡航がいつも行われるの意、トマリは港の意、「渡航がいつもなされている港」の意とある。
　kus-or（クソル）向こうの岸、対岸、kusa（クサ）対岸へ舟で渡す。ここは下北半島の斧の刃の下部で、陸路

はここまでで小さい漁村である。山が海まで落ち込んでいる。おそらくは陸路もなかったであろう。現在は百戸もあろうか、学校の記号も見える。防波堤もある漁村であろうか。

脇野沢　　　　　　　　　　　　（下北郡脇野沢村）
^{ワキノサワ}

wa・kina・沢

ワ・キナ・和語

（海）縁岸の・野草（野菜）を採る・沢

　アイヌ語地名辞典には、「wak-ki（sar）nu」であろう、ワク（驚きの声）キサル（耳）nu（持つ）「驚きの声を発するほどの、耳に似た（岩を）持つ」の意であろう、とある。

　脇野沢村は下北半島を例えると刃の下端に当たる場所で、脇野沢川と瀬野川が海に注ぐ位置にある。脇野沢村は山がそのまま海に落ち込むような地形であるが、ここ脇野沢川沿いは穏やかな勾配の地形で水田もあり国道338号線も通っている。wa（ワ）は「縁」「岸」「水中を歩いて渡る」「前」等の意。kina（キナ）は「野草」（食用になる）、沢は和語、海岸、特に海に落ちる海岸に暮らす人々には野草や野菜を採る所。

宿野部　　　　　　　　　　　　（下北郡川内町）
^{シュクノベ}

shupun・ot・pe

シュプン・オッ・ペ
ウグイ（魚）・多くいる・もの（川）

　アイヌ語地名辞典には、「shupun-ot-」（tはpに変訛し
pが重なるからその一つが落ちる）「うぐいの多い川」
とある。

　山田秀三は「シュプン・オッ・ペ（うぐい魚の・多く
いる・もの）と書いている。「ウグイ」についても各地
方で呼名は変わっている。例えばsupun（スプン）赤腹
―幌別、sirkopop（シリコポプ）屈斜路、sipun（シプン）
美幌、チトセ、他、huttoy（フットィ）アショロ、シラ
ヌカ、等、uttoy（ウットィ）美幌、以上は知里辞分類
アイヌ語辞典の書き抜きの一部である。青森県川内町の
「宿野部」の地名にあてはまるかどうか、山田秀三説を
記しておく。

ヒノキガワ
桧川　　　　　　　　　　　　　　　　（下北郡川内町）
和語

　アイヌ語地名辞典には、「pe」（ペ）（硫質水）の流れ
る川の意、とある。

カワウチ
川内　　　　　　　　　　　　　　　　（下北郡川内町）
和語

　アイヌ語地名辞典には、「kap-a-nay」（カパナイ）樺の皮が、沢山得られる川、とある。

著者プロフィール

柴田 和一（しばた わいち）

昭和5年2月11日生まれ。
岩手県出身。
享年78歳。

アイヌ語地名考 二戸郡・青森県

2020年2月15日　初版第1刷発行
2023年12月25日　初版第2刷発行

著　者　柴田 和一
発行者　瓜谷 綱延
発行所　株式会社文芸社
　　　　〒160-0022　東京都新宿区新宿1-10-1
　　　　　　　　　　電話 03-5369-3060（代表）
　　　　　　　　　　　　　03-5369-2299（販売）

印　刷　株式会社文芸社
製本所　株式会社MOTOMURA

ISBN978-4-286-21250-0